PRACTICAR LOS PRINCIPIOS
DE LA ORACIÓN

PRACTICAR LOS PRINCIPIOS DE LA ORACIÓN

David Pawson

Anchor Recordings

Copyright © 2024 David Pawson Ministry CIO

Originalmente publicado en inglés con el título:
PRACTISING THE PRINCIPLES OF PRAYER

El derecho de David Pawson a ser identificado como el autor de esta obra ha sido afirmado por él de acuerdo con la Ley de Copyright, Diseños y Patentes de 1988.

Traducido por Alejandro Field

Esta traducción internacional en español se publica
por primera vez en Gran Bretaña en 2024 por
Anchor, que es el nombre comercial de David Pawson Publishing Ltd
Synegis House, 21 Crockhamwell Road,
Woodley, Reading RG5 3LE

Ninguna parte de esta publicación podrá ser reproducida o transmitida de ninguna forma o por ningún medio, electrónico o mecánico, incluyendo fotocopia, grabación o ningún sistema de almacenamiento o recuperación de información, sin el permiso previo por escrito del editor.

**Si desea más de las enseñanzas de David Pawson,
incluyendo DVD y CD, vaya a
www.davidpawson.com**

**PARA DESCARGAS GRATUITAS
www.davidpawson.org**

**Si desea más información, envíe un e-mail a
info@davidpawsonministry.org**

ISBN 978-1-913472-81-8

Impreso por Ingram

Índice

Prefacio	7
1. Oración al Padre	9
2. Oración a través del Hijo	37
3. Oración en el Espíritu	55
4. Oración contra el diablo	73
5. Oración con los santos	93
6. Oración por nuestra cuenta	115
7. Oración por otros	133
8. Oración sin obstáculos	149

PREFACIO

Este libro está basado en una serie de charlas. Al tener su origen en la palabra hablada, muchos lectores encontrarán que su estilo es algo diferente de mi estilo habitual de escritura. Es de esperar que esto no afecte la sustancia de la enseñanza bíblica que se encuentra aquí.

Como siempre, pido al lector que compare todo lo que digo o escribo con lo que está escrito en la Biblia y, si encuentra en cualquier punto un conflicto, que siempre confíe en la clara enseñanza de las escrituras.

David Pawson, 1930 - 2020

Capítulo 1

ORACIÓN AL PADRE

Estoy harto de quienes nos dicen que no somos más que animales. No es de extrañar que la gente se comporte como si estuviera en la selva cuando se le dice esto tan a menudo. Quizá recuerde que, en sus libros *El mono desnudo* y *El zoo humano*, el zoólogo Desmond Morris intentó ver sentimientos y comportamientos animales en los seres humanos. El difunto Johnny Morris, también zoólogo y presentador de televisión, lo hizo de forma más sutil, intentando mostrar sentimientos y pensamientos humanos en los animales. Ambos acercaron demasiado el mundo animal al humano, pues la Biblia deja claro que no somos animales. Podemos respirar el mismo aire, podemos tener un sistema digestivo similar, pero somos diferentes. Si le dice a un hombre que es un animal debe esperar que se comporte de esa manera. Pero creo que es un insulto al mundo animal; en la raza humana somos más bárbaros entre nosotros de lo que jamás se ha sabido que sean los animales. Podemos hundirnos hasta profundidades a las que ningún animal puede llegar, y podemos elevarnos hasta alturas a las que ningún animal puede llegar.

Los filósofos han debatido durante muchos años la diferencia entre animales y hombres. Algunos han dicho que solo los hombres fabrican herramientas, pero desde que una niña fue a vivir entre una colonia de chimpancés en África —una niña cristiana, por cierto, que llevó una Biblia con ella— descubrió que ellos fabricaban herramientas, así que esa diferencia ha desaparecido de los libros de antropología. Otros han dicho: "Los humanos se ríen". Supongo que la hiena lo hace en cierto modo, pero no creo que esa sea la diferencia. Otros dicen: "Los seres humanos hablan entre sí", pero cada vez descubrimos más cosas sobre la comunicación animal, e incluso cómo los peces se comunican entre sí. Algunos han dicho que la singularidad del hombre reside en que cocina, y ciertamente los animales aún no han descubierto ni utilizado el fuego. Pero creo que la única diferencia básica entre todos los animales del mundo y tu escritor aquí presente es que el hombre *ora*. ¡Ni siquiera Snoopy se relaciona alguna vez con los poderes del más allá! Charlie Brown y Lucy pueden sentarse y hacer preguntas sobre las estrellas, pero Snoopy nunca lo hace. Y aunque muchos pensamientos y sentimientos humanos son puestos en la mente y el corazón de ese perro, sin embargo, Schultz, que fue maestro de escuela dominical durante varios años y, por desgracia, se convirtió en agnóstico — lo que se reflejó en los dibujos animados de Peanuts— nunca se atrevió a poner pensamientos religiosos en la mente de Snoopy, porque eso habría sido demasiado grotesco para ser creíble. Puedo hablar con mi perro sobre este mundo. Puedo hablarle de paseos y huesos y restos de comida y otras cosas y él puede entender, pero no puedo orar con mi perro. Nunca ha mostrado el menor deseo de hacerlo.

Orar, esta actividad única de la raza humana, ya existía al principio. Tan atrás como podemos escarbar en la historia de nuestra raza, encontramos que en los días más tempranos los seres humanos más simples y primitivos creían en un gran poder, un gran Dios que vivía sobre el cielo, a quien se podía hablar. Cuando fui a Nueva Zelanda, me impresionó mucho el espiritismo que aún existe entre los maoríes. Me temo que me dio escalofríos. Me sentí insultado cuando la aerolínea neozelandesa me regaló un ídolo verde de plástico (Tikki), que en nuestra era tecnológica me dieran eso para la "buena suerte" mientras volaba. Lo siento, no pretendo insultar a su país si es usted maorí; aquí hacemos lo mismo. Los maoríes tienen dioses del cielo, el mar, los ríos y las montañas. Pero me fascinó leer que cuando llegaron por primera vez a Nueva Zelanda, hace mil años, creían en un solo Dios, y era el Dios que vivía sobre el cielo llamado *Ya,* la primera parte de la palabra *Yavé*, que es el nombre de Dios.

Lo mismo ocurre entre los aborígenes de Australia. Encontramos lo mismo entre los pigmeos. Y los antropólogos han descubierto que la adoración de las cosas de la tierra es un añadido posterior, una corrupción del conocimiento primitivo del hombre de que había un Dios sobre el cielo, un poder más allá de las estrellas con el que uno podía relacionarse, con el que uno podía hablar.

De modo que, a lo largo de los siglos, los hombres han orado; es algo casi instintivo. Supongo que la mayoría de la gente —sin duda en este país y, creo que soy justo al decir, en todo el mundo— ora en algún momento u otro. Saben que la raza humana es incapaz de resolver sus problemas. Recurren a algo fuera de ellos, aunque sea de forma vaga y nebulosa, y oran.

Así que oramos, y es algo instintivo. Sin embargo, voy a escribir sobre la oración cristiana, que no es instintiva, sino distintiva. No es lo mismo que un cristiano esté orando a que un monje tibetano esté haciendo girar su rueda de oración, o un musulmán con su estera extendida mirando a La Meca. Hay profundas diferencias en la oración, y la oración cristiana es única. El resto es instintivo y se extiende por toda la raza humana, adoptando muchas formas, pero la oración cristiana es distintiva y quiero decirle lo que tiene de distintivo.

En primer lugar, para muchos en este mundo la oración es algo privado. Para el cristiano, sin embargo, la oración nunca puede ser privada. Hay un sentido importante en el que un cristiano nunca puede orar solo. Si comparamos esto con el islam (que está tratando de difundir sus enseñanzas en Gran Bretaña), descubriremos que en esa fe se puede orar a solas. Los musulmanes creen que Mahoma es el profeta de Alá, pero ni siquiera se necesita a Mahoma: un musulmán a solas con Alá puede orar. Ahora bien, un cristiano nunca puede hacer eso. El mínimo para que un cristiano ore es que haya cuatro personas presentes, y es muy raro que se pueda orar sin ese mínimo absoluto. El mínimo de cuatro personas es: usted, el Padre, el Hijo y el Espíritu. Si no ora al Padre, a través del Hijo y en el Espíritu, no es oración cristiana en absoluto. Por eso digo que al menos hay cuatro personas involucradas, y un cristiano nunca puede orar solo.

Además, tan pronto uno se pone de rodillas, el diablo está implicado e interesado. Esa es una de las razones por las que la oración es una batalla y un problema tan grandes. ¡Y ahora son cinco! Entonces descubrirá que el diablo nunca viene solo. Cuando ore, se dará cuenta, si realmente llega a los lugares celestiales, que hay muchos otros que se unen, y estará luchando no contra carne y sangre sino contra principados y potestades en los lugares celestiales. Esa frase en Efesios capítulo 6 viene en el contexto de orar. De modo que ellos van a estar involucrados. Hay seguridad en los números, y hay muchas promesas especiales en las Escrituras a los cristianos que dicen que si dos o tres están de acuerdo en la tierra —esto es, con relación a cualquier cosa— entonces su oración será poderosa.

Por lo tanto, no hay tal cosa como la oración privada, uno a uno, en el cristianismo. La hay en todas las demás religiones, pero para los cristianos la oración nunca es privada; siempre es un acto muy público. Uno está entrando en la línea del frente; está entrando en una arena; está rodeado por una gran multitud de testigos; está luchando con principados y potestades; está orando al Padre, a través del Hijo y en el Espíritu. El diablo le pisa los talones y todos sus secuaces están detrás de él. Los ángeles también están interesados en un pecador que se arrepiente, por lo cual la oración es una ocasión muy pública.

En este libro voy a ofrecerle algunos consejos prácticos para intentar ayudarlo. ¿Se ha dado cuenta de que, cuando Jesús le enseñó a orar "en privado", le dijo: "Entra en tu cuarto, cierra la puerta y di: 'Padre NUESTRO' . . . ."? No "mi Padre"; él fue el único que utilizó esa frase. Cuando ore a solas debe cerrar la puerta y decir: "D*anos* hoy nuestro pan cotidiano". Decía tan claramente como podía que la oración privada no existe. Siempre es pública, siempre es parte de una familia, siempre es parte de una multitud. De hecho, cualquier necesidad que tenga, otros en la familia de Dios tienen esa misma necesidad en ese momento y puede orar por ellos junto a usted. Por eso, en varias ocasiones, cuando he dirigido un funeral, en la primera oración que he orado —y que he hecho orar a los dolientes— he mencionado otros funerales que tenían lugar en ese momento y a otras personas que estaban de luto, porque hay otras, y en un funeral uno puede estar preocupado por su propio dolor.

También hay otra diferencia. Para muchos en el mundo la oración es meditación, pero para los cristianos no es meditación sino conversación. Debo explicar esto muy claramente, porque el concepto de la oración como meditación, como una forma superior de oración, se ha colado en los círculos cristianos. Existe desde hace siglos. Procede de la mística oriental y no es una oración bíblica. La idea es la siguiente: si todavía está en la etapa de pedir cosas y hablar con Dios, estás en el "departamento primario" de la oración, y que una vez que ha dejado de hablar y pedir cosas y ha aprendido a pensar en cosas, ha subido una etapa en la oración a la meditación, y que incluso puede pasar de ahí —y los que propugnan la meditación trascendental dirían que pase de ahí a no pensar en nada— ¡entonces realmente ha llegado!

No viene solo en forma de meditación trascendental. Hay un misticismo cristiano que lo ha entendido al revés y piensa que hablar con Dios y pedirle cosas es una forma muy baja de oración. Permítame pedirle que haga una pequeña comprobación bíblica. Repase todo lo que Jesús dijo sobre la oración, y el 95% de ello se refiere a hablar y a pedir, ¡el 95%! Para Jesús, la oración era hablar y pedir, no pensar. Hay un lugar para la meditación en la vida cristiana, que es meditar en la Palabra de Dios —no pensar en nada y ver que viene a su mente, sino meditar en la ley de Dios día y noche. Aunque hay un lugar para la meditación, es meditación con contenido, y eso no es oración. La oración es hablar con Dios y pedirle cosas, si nos atenemos a las enseñanzas de Jesús, y esa es la forma más elevada de oración, no la más baja.

Además, si ha estudiado la vida de oración de Jesús, descubrirá que ocurre lo mismo. Estudie su oración en Getsemaní, estudie Juan 17, que es la oración más completa de Jesús que tenemos, y cuente cuántas cosas pide. No está meditando, está hablando y está pidiendo, todo el tiempo. Ese es el corazón de la oración cristiana. Comprendamos, por sencillo que sea, que hablar con Dios de nuestras necesidades y de sus deseos es orar. Cuando los discípulos dijeron: "Señor, enséñanos a orar", no les dio un sistema de meditación sino una forma sencilla de palabras para decir en voz alta, no para pensar. No les dijo: "Cuando oren, piensen" sino: "Cuando oren, digan…". Luego les dijo seis cosas, y cada una de ellas tenía que ver con *pedir*. Había tres cosas que Dios quería que pidieran, y tres cosas que querrían pedir para ellos, pero era hablar y pedir. Eso era la oración. Ahora bien, esto es tan profundo y a la vez tan sencillo. Lo señalo porque incluso los cristianos se pierden en la meditación mística y piensan que han llegado a una forma superior de oración. La oración es sencilla. Es un niño diciéndole a su Padre lo que necesita. Ese es el corazón de esto.

Puedo ir un poco más lejos y decir que no encuentro justificación bíblica para pensar que han pasado mejor tiempo juntos si todo ha sido alabanza y no ha habido petición. A Dios le gusta la oración y la alabanza y no las valora una por encima de la otra. Sin embargo, a veces podemos pensar que, si hemos tenido un tiempo de alabanza y no hemos pedido nada, Dios debe estar de alguna manera más contento que si hubiéramos traído una "lista de compras", pero él es un Padre al que le encanta que expresemos nuestras necesidades. Jesús dijo: "Vayan y díganle lo que necesitan", y eso es lo que quiere oír.

Había un violinista famoso cuyo hijo aprendió a tocar el violín, pero no con su padre, sino con otro violinista que no era ni de lejos tan bueno como su padre. Alguien le dijo al padre: "¿Por qué no le enseñaste tú?". Y el violinista respondió: "Porque nunca me lo pidió". Nunca pidió. El padre estaba esperando a que el niño dijera: "Por favor, enséñame". Eso es lo que Dios espera, que las personas simplemente digan: "Por favor". Puede alabarlo cuando llegan las respuestas. Pero estudie la enseñanza de nuestro Señor sobre la oración, y se trata de hablar y pedir.

Aquí va el segundo consejo. Le resultará mucho más fácil orar cuando está "solo" si lo hace en voz alta. ¿Le preocupan los pensamientos errantes? Entonces pruebe con palabras. Las palabras no vagan como los pensamientos. Es una obviedad, pero pruébelo. Una de las razones por las que a muchos cristianos les resulta difícil orar en voz alta en una reunión de oración es porque nunca han orado en voz alta en privado. No se han acostumbrado al sonido de su voz. Así que tienen que superar una doble barrera psicológica al orar delante de los demás: no solo tienen que orar delante de los demás, sino también delante de sí mismos. *"Cuando quieras orar"*, dijo Jesús, *"entra en un cuarto, cierra la puerta y di..."*. ¡Qué sencillo! ¿Cómo se nos ha podido pasar? Sin embargo, la mayoría de los cristianos a los que aconsejo y con los que hablo en este país *piensan* sus oraciones, que es algo muy difícil de hacer —mucho más difícil que simplemente decirlas— y Jesús dijo: *"Di: 'Padre nuestro...'"*. Intento mantenerlo sencillo. Tal vez piense que estoy siendo un poco obvio, incluso puntilloso, pero quiero ser útil y práctico, y si ya ha superado todo esto, que Dios lo bendiga, intentaré alcanzarlo algún día, pero quiero empezar donde está la gente.

En cuanto mencionamos el tema de la oración, la gente dice: "Me pregunto si va a tratar los problemas de la oración". Ahora quiero comenzar con los privilegios de la oración. Si empieza con los problemas está acabado. Mi esposa y yo leímos ciertos libros antes de casarnos y fueron de mucha ayuda, pero llegamos a un punto en el que habíamos leído demasiado. Pensamos: ¡cuántas cosas pueden salir mal! Leíamos demasiado sobre los problemas. Uno puede preocuparse, así que empezamos a pensar en el privilegio. Quiero que se concentre en el privilegio más que en los problemas. Hay problemas, hay dificultades, y las mencionaremos a medida que avancemos, pero empecemos por el privilegio, el puro honor que supone poder orar.

Hace algún tiempo, estaba parado en el bordillo de una calle de Londres cuando un precioso Rolls Royce granate se detuvo en el semáforo, a un metro de mí. Primero miré el coche y luego pensé en ver quién iba dentro. Y allí, a un metro de mí, ¡estaba Su Majestad la Reina! Nunca me había sentido tan desconcertado. No sabía qué hacer. Ella hizo como que me miraba, yo hice como que la saludaba y ella hizo como que me respondió. Pero había un cristal entre nosotros, y eso fue lo más cerca que estuvimos, y luego ella siguió su ruta. Supongamos que hubiera bajado la ventanilla y me hubiera dicho: "Hola", y supongamos que me hubiera dicho: "Aquí tiene mi tarjeta; venga a verme alguna vez", y supongamos que me hubiera dicho: "Aquí tiene mi tarjeta; si desea algo, póngase al teléfono..." No, no habría hablado así, ¿verdad? Bueno, puede reírse, pero puedo decirle esto: una línea directa con el palacio de Buckingham que puede usar en cualquier momento no es nada comparado con el privilegio de la oración, porque la reina no tiene ni una millonésima parte de los recursos que Dios tiene. Ese es el privilegio de la oración. No es un problema. Empezamos por aquí: tenemos una línea directa. A veces me sorprendo al suponer que puedo simplemente cerrar los ojos, o incluso mantenerlos abiertos, y decir: "Dios", y ya estoy en contacto con él. Si solo me concediera una entrevista en toda mi vida, sería un privilegio, ¿verdad? ¡Solo una!

No se trata tanto de dominar la mecánica como de practicar la presencia. Mucha gente busca un método de oración, y eso que desarrolla un ritual, no una relación. Y me atrevo a decir que la Biblia no dice nada sobre lo que solemos llamar "tiempo de silencio" o "tiempo quieto". Dice *oren siempre*, no que tengamos un tiempo de silencio. Ahora quiero que piense en las implicaciones de esto. Quiero que me imagine como un esposo que le dice a su esposa: "Te voy a amar todos los miércoles y viernes a las nueve y media de la noche, y puedes tener media hora de mi tiempo, y pondré el despertador". ¿Qué le parece? ¿Es eso una relación? Creo que no se trata tanto de dominar la mecánica o de tener un método como de *practicar la presencia*. Por supuesto, estoy citando al Hermano Lawrence, que en su cocina practicaba la presencia de Dios, de modo que mientras fregaba ollas y sartenes le resultaba natural hablar con su Padre y pedirle lo que necesitaba.

Así que la oración es un privilegio más que un problema, y si realmente quiere hacer una cosa encontrará la manera. Si un joven mira a su alrededor en la iglesia y ve a una joven que le gusta, encontrará la manera. Creará su propia mecánica: le enviará una carta o se quedará en el vestíbulo después, o le enviará una tarjeta de San Valentín el próximo febrero; hará *algo*. Es la persona la que importa, más que el lugar o cualquier otra cosa, y el Maestro importa más que el método.

Para muchos, la oración es "fortuna", pero para los cristianos es fe. Quiero decir con "fortuna" que para muchos la oración es como un juego de azar o "suerte", como si Dios fuera una especie de presentador de un concurso celestial con un gran barril, y todos enviáramos nuestras oraciones y él las pusiera en el gran barril y girara la manivela, lo abriera, y de vez en cuando sacara su nombre y dirección y le diera una respuesta. La gente que ha enviado muchas oraciones y solo ha recibido una o dos respuestas parece pensar que es cuestión de suerte que aparezcan, más o menos con la misma frecuencia que un bono con prima. Para que no piense que estoy bromeando, permítame describirle algo que recibí por correo. Se titulaba "Piensa en la oración", y abajo decía: "Confía en el Señor con todo tu corazón y él iluminará tu camino", seguido de esto:

"Esta oración le ha sido enviada para que le traiga buena suerte. Procede originalmente de los Países Bajos. (¡Lo siento, amigos, pero es de ahí de donde vino!) Ha dado la vuelta al mundo nueve veces. La suerte le ha sido enviada. Recibirá buena suerte en los cuatro días siguientes a la recepción de este ejemplar. No es ninguna broma, la recibirá por correo. Envíe veinte copias de esta carta a amigos que crea que necesitan buena suerte. Por favor, no envíe dinero. No guarde esta carta. Debe salir dentro de 96 horas después de recibirla. Un oficial de los Estados Unidos recibió 7.000 dólares, un hombre recibió 60.000 dólares, pero los perdió porque rompió la cadena'. (¡Bueno, mala suerte!) Ahora el lado más serio. Estando en Filipinas el General W (quienquiera que sea) perdió la vida seis días después de recibir esta copia y no hacer circular esta oración. Sin embargo, antes de su muerte recibió 775.000 dólares que había ganado, y que tuvo que dejar atrás".

Ni que decir tiene que nunca hay que prestar atención a cartas tan disparatadas. "Disparé al aire una flecha, y cayó no sé dónde a tierra". La cuestión es que mucha gente piensa que pedir cosas a Dios es "incierto", que "merece la pena intentarlo", que "podría funcionar". Pero para los cristianos la oración no es fortuna: la oración es *fe*. Hay una certeza. Si hay un principio que elimina la "suerte" de la oración, que elimina la "casualidad", es el principio que debemos examinar ahora: el principio de la fe. Aunque hay otros principios que calificarán esto, voy a concentrarme en la fe.

Jesús dijo: *"Tengan fe en Dios"*. O, para darles el sabor del griego: *"Sigan teniendo fe en Dios"*. No es algo que se hace de una vez por todas el día de su conversión. *Sigan* teniendo fe en Dios. Ese es el fundamento de la oración, y debe estar ahí antes de que la oración pueda ser algo más que un "asunto incierto".

Algunos pueden suponer que lo que quiero decir con esa frase es que debo creer que lo que pido lo recibiré. Esa es solo la séptima cosa que está implicada en mi mente en la frase "Tengan fe en Dios". Hay seis cosas que debe creer primero, antes de que pueda creer que obtendrá su respuesta.

Aquí, entonces, hay siete cosas que componen la fe en Dios, que obtiene respuestas a la oración.

1. Debo creer que Dios está ahí.

¿Ha notado esto en Hebreos 11? Quien quiera acercarse a Dios debe creer que él existe. Ese es el primer punto en la fe, si voy a orar con fe. Debo creer que Dios está ahí. El ateo dice que no está ahí; el agnóstico no lo sabe. El ateo no ora en absoluto. El agnóstico ora cuando está en un apuro, pero no sabe si la oración va a ser escuchada. El cristiano dice: "Creo que Dios está ahí". Hablar solo no sirve de nada. Algunas personas piensan que un periodo de meditación de autosugestión al día es útil, pero a mí no me gusta hablar conmigo mismo. En primer lugar, no me gusta escuchar lo que tengo que decir. No soy un buen conversador conmigo mismo. ¡Y hablar demasiado solo es el primer paso de una pendiente resbaladiza, mentalmente hablando! Si orar es solo hablar conmigo mismo, entonces no lo haré. Debo creer que Dios está ahí para hablarle. Ese es el primer paso.

El primer problema es que mis facultades físicas no pueden decirme que Dios está ahí. No tengo ningún problema en hablar con alguien a quien puedo ver, cuyo brazo puedo agarrar o incluso con alguien a quien puedo oler que está ahí. Pero en la oración uno está hablando con alguien a quien no puede ver y a quien no puede oír, sostener o tocar, a quien no puede oler y no puede saborear, así que se siente un poco irreal.

Mis facultades mentales tampoco pueden decirme que está ahí, porque los grandes filósofos del mundo no se han puesto de acuerdo sobre si Dios existe o no. Han utilizado cada gramo de su intelecto. Han deducido, han argumentado lógicamente, y aun así no pueden decirme si Dios existe o no. Así que ni mis facultades físicas ni mentales pueden decírmelo, por lo que me veo obligado a recurrir a una facultad espiritual: la fe. Esa es la única facultad que puede decirme que está ahí. ¿Se dio cuenta de que no escribí *sentimiento*? Uno de los problemas básicos de la fe se expresa en esta afirmación, que tanta gente ha pronunciado: "No *siento* que esté ahí". ¡Muéstreme en la Biblia dónde dice que tiene que sentirlo! Solo dice que tiene que tener fe en que él está ahí. A veces lo sentirá tan cerca que casi sentirá que podría tocarlo, pero otras veces no. A la Biblia le es indiferente si sentimos su presencia o no. Plantea la pregunta: "¿Tiene fe en que está ahí?". *No sentimiento.* ¡No dice: "Quien quiera orar, debe *sentir* que él existe"! Su palabra es suficiente, y siempre cumple su palabra. Así que, por fe, lo sienta o no, puedo decir: "Padre nuestro, estás en los cielos. Tú estás allí".

2. Debo creer no solo que Dios existe, sino que es personal, que es *alguien*, no *algo*.
Hay muchos sinónimos coloquiales de Dios, frases que usa la gente. Hace algunos años, un obispo de Woolwich popularizó uno en su libro *Honest to God*, llamando a Dios "el fundamento de nuestro ser". Me resultaría bastante difícil hablar con "el fundamento de mi ser". Otros hablan de "la fuerza vital". No es fácil hablar con una fuerza. Para el caso, uno podría orar a un enchufe eléctrico en la pared. ¡Hay poder ahí! Pero es una cosa, no una persona. Antes de orar, debo creer no solo que Dios está ahí, sino que él es alguien, no algo. La mayoría de la gente dice: "Bueno, hay algo más grande que el universo, hay algún poder ahí afuera". Pero no es un poder al que oramos. Dios, a quien oramos, es personal. La oración es irreal si solo intentamos hablar con un poder. Ese obispo admitió que desde que creía en Dios como fundamento de su ser, su vida de oración se había hecho pedazos, porque no sabía a quién orar. Estaba manteniendo una conversación con el fundamento de su ser; en otras palabras, estaba hablando consigo mismo.

Un estudiante de la Facultad de Derecho de Guildford, con quien estaba hablando de este mismo asunto, dijo: "¿Dios? Es solo un nombre para mis sentimientos religiosos", y lo decía en serio.

Respondí: "Bueno, no puedes orar a tus sentimientos religiosos".

"No, no puedo. No lo hago", dijo.

Así que creemos que Dios es personal. ¿Por qué? Porque la

Biblia me dice que estoy hecho a imagen de Dios, y yo siento, pienso y actúo. Dios siente, piensa y actúa. Yo soy personal y él es personal.

No estoy haciendo a Dios a mi propia imagen; yo estoy hecho a la suya. Pero en un sentido importante somos "parecidos", y podemos hablar con personas que se nos parecen. He oído a personas decir: "Simplemente no podría mantener una conversación con esa persona, es muy diferente a mí en perspectiva, temperamento y origen". No podría hablar con ella libremente; es muy diferente a mí". Pero, alabado sea Dios, por fe puedo creer que Dios es en este sentido "como" yo. Por supuesto, hay muchos otros sentidos en los que él es diferente a mí, pero el punto es que puedo conocerlo porque es personal, no impersonal. Eso requiere un gran paso de fe. Él no es *solo* una persona. Note que no escribí sobre creer que Dios *es una persona*, sino creer que *es personal*, lo que significa algo más que una persona, porque él es más. Él es tres personas y siempre ha sabido comunicarse como tres personas, porque es tres personas que se comunican.

Ahora bien, ésta, para mí, es la diferencia más apasionante entre Alá y Jehová, el Padre de nuestro Señor Jesús. El dios del islam es uno solo; por lo tanto, no es amor. No puede serlo, porque ninguna persona por sí sola puede ser amor. Por lo tanto, la afirmación "Dios es amor" no aparece en el Corán, sino en la Biblia. Si Alá es Dios, entonces hubo un período en el que él estaba solo y no había nadie más. Entonces, ¿cómo podría Alá amar? ¿Entiende lo que digo? Dios es personal. El Padre ha estado hablando con el Hijo, y el Hijo con el Padre, desde toda la eternidad, por lo que él es personal y yo puedo participar en la conversación. Puedo meterme porque estoy hecho a su imagen y puedo comunicarme y puedo hablar. Él se comunica; él es amor. Es como si ellos tres, los tres de él —no sé muy bien cómo decirlo, es casi demasiado maravilloso para describirlo con palabras— abrieran los brazos y dijeran: "Comunícate con nosotros, somos personales", y hablaran juntos sobre antes de que nos hicieran.

PRACTICAR LOS PRINCIPIOS DE LA ORACIÓN

3. Debo dar un paso de fe para que Dios pueda escuchar.
Cuando predico en la iglesia uso amplificación para que toda la congregación pueda escuchar. Y puedo levantar un teléfono y ser escuchado a una distancia mucho mayor. Cuando estuve en Nueva Zelanda, me comuniqué con mi esposa en Inglaterra en cuestión de segundos y hablamos a través de satélites en el espacio sin ningún desfase perceptible entre pregunta y respuesta: ¡maravilloso! La gente en la tierra habló con un hombre en la Luna con un desfase de tiempo apenas perceptible. Cada vez nos estamos alejando más, pero les digo esto, desde el principio un hombre que oraba podía ser escuchado en lo más alto del cielo. Se necesita mucha fe para creer que Dios puede escucharnos a cada uno de nosotros entre millones de voces. Hay dos problemas. Está el problema de la distancia: ¿a qué distancia está Dios? Él está en el cielo más alto. ¿Dónde es eso? No tengo idea. ¡solo sé que mi voz llega al cielo más alto! Pero también existe un problema de números. ¿Alguna vez ha estado en una sala donde habla tanta gente que no puede oír lo que se dice? Si es de los que tiene que llevar un audífono, lo entenderá, porque muchos audífonos no pueden dirigirse solos, y captan cada tos, cada ruido, cada voz; es muy difícil elegir a la persona a la que está tratando de escuchar. Y me pregunto a cuántas personas está escuchando Dios en este mismo momento. Sin embargo, escucha cada palabra. Somos más de seis mil millones de personas en la tierra y él escucha cada palabra que se pronuncia.

Él sabe cada palabra, incluso antes de que yo la pronuncie. Él sabe cuándo me levanto de una silla, cuándo me siento y escucha cada palabra. Él está escuchando cada palabra en este mismo momento en el cielo más alto. Se necesita fe para creer esto, pero es verdad. Semejante conocimiento es demasiado maravilloso para mí; es alto y no puedo alcanzarlo. No puedo escuchar a más de una persona a la vez, pero Dios es Dios.

Esto me lleva a lo siguiente: la fe en que él escuchará. Existe una diferencia entre poder oír y realmente escuchar. A veces me dicen que soy un mal escuchador, y sé que es verdad. No tengo problemas para oír, pero a veces tengo problemas para escuchar. Sin embargo, la fe dice no solo que Dios puede oír mi oración, sino que la escuchará.

Lo extraordinario es que creemos que tenemos derecho a ser escuchados. Consideramos que tenemos derecho a vivir, derecho a la salud, derecho a la felicidad; por eso pensamos que tenemos derecho a exigirle estas cosas a Dios, ¡como si él fuera un "estado de bienestar" para nosotros! ¿Qué derecho tenemos a ser escuchados? ¿Qué derecho tengo yo a exigir de Dios un oído que me escuche? La gente me ha dicho: "Bueno, yo no pedí que me pusieran en este mundo; yo no me creé a mí mismo. Dios me puso aquí, por eso tengo derecho a pedirle salud y felicidad". Usted no tiene ese derecho y le diré por qué, de manera muy simple. Porque cuando Dios hizo este mundo y nos hizo a nosotros, dijo: "Eso está muy bien, ahora manténganlo así", y ninguno de nosotros lo ha hecho. Por tanto, hemos perdido el derecho a ser escuchados. No tenemos ningún derecho. Dios, en misericordia, escucha. Por fe puede creer que Dios no solo oirá lo que decimos, sino que también lo escuchará.

¿Se da cuenta de cuántas barreras podría haber entre usted y Dios? Si solo ha cometido un pecado en su vida cada día durante los últimos treinta años, ¡ahora hay diez mil pecados entre usted y Dios! ¿Qué derecho tiene a ser escuchado? Solo si son tratados sus pecados tiene derecho a ser escuchado. Y, sin embargo, Dios escucha; le encanta escuchar, no por lo que soy sino por lo que él es. Porque es una persona de tanto amor que le encanta escuchar. A él le encanta que le hablemos de nuestras necesidades.

Luego, debo creer no solo que Dios escuchará, sino que también responderá. La conversación puede ser miserable si es unilateral, ¿no es así? Piense en cómo sería si fuera usted quien hablara todo el tiempo: "Tenemos buen tiempo. Buen tiempo ayer, ¿no? Espero que mañana haga buen tiempo..." Es una conversación unidireccional, y tiene que mantenerla. La oración

PRACTICAR LOS PRINCIPIOS DE LA ORACIÓN

con Dios es más una conversación que una meditación, y la conversación es algo bidireccional. Creer que Dios responderá es parte de la fe que se necesita. Tenga fe en Dios: que él existe, que es personal, que puede oír, que escuchará, que puede responder, que tiene boca además de oídos. Es importante cuando oramos no decirle a Dios cómo debe responder.

Aquí también hay un consejo práctico. Si establece de antemano cómo él debe responder, es probable que se pierda su respuesta. Y él cambia sus métodos de respuesta. Hay muchos; solo puedo enumerar unos pocos. Primero, él puede responder haciendo vibrar el aire para que su oído físico pueda escuchar su voz. Realmente puede hacerlo, pero cuando lo hace suena como un trueno, y agradezco que no responda de esa manera con demasiada frecuencia. Dios puede hacer que el aire se mueva. Sabemos que cuando habla suena como un trueno, porque en varias ocasiones en la Biblia, cuando hablaba, la gente decía que sonaba así. Algunos captaron las palabras: "Este es mi Hijo amado en quien tengo complacencia". Aquellos a quienes les gusta la adoración tranquila y dignificada ciertamente no se acercarían a la iglesia si Dios hablara así cada vez.

Él puede hablarnos a través de nuestra lectura de la Biblia. Hay ocasiones en las que un versículo parece sobresalir, como si estuviera escrito con letras brillantes con su nombre y dirección. Pero qué fatal, si le ha hablado de esa manera en una ocasión, intentar obtener la respuesta de la misma manera la próxima vez.

Él puede hablarle a través de una voz interior que es tan clara que incluso puede pensar que la escuchó con sus oídos. A veces, al salir del edificio de la iglesia, la gente me ha dicho: "Sabe, cuando dijo eso, era la palabra de Dios para mí". Ahora puedo recordar todo lo que dije en un sermón inmediatamente después, y sé que no he dicho eso, pero estaban convencidos de que sí. En realidad, fue Dios quien había hablado tan claramente dentro de sus corazones que lo escucharon, y pensaron que yo lo dije porque cuando me escucharon estaban abiertos a escucharlo a él.

Puede hablar a través de las circunstancias de manera asombrosa. Puede hablar a través de otra voz humana, ya sea mediante una palabra profética inmediata o mediante un comentario casual en una conversación. Lo importante no es cómo responde, ni siquiera cuándo responde, sino creer que cuando oramos él responderá. A veces no responde hasta el último momento, pero la fe cree que responderá a tiempo; no dicta cómo ni cuándo debe llegar esa respuesta.

A veces la respuesta llega inmediatamente. Si pienso en mi vida y veo ciertos pasos cruciales que me llevaron a convertirme en predicador, puedo ver una gran variedad de maneras en que Dios habló. Cuando pensaba en entrar al ministerio, dije una mañana: "Señor, debes decírmelo hoy antes del mediodía si me quieres en el ministerio".

Tomé un café alrededor de las once con mi amigo (ambos estábamos preparándonos para ser agricultores) y él me miró y dijo: "Sabes, David", y esto salió de la nada: "Creo que terminarás en un púlpito y no detrás de un arado".

Entonces lo dejé y salí a la calle, donde me topé con un pastor jubilado, que me miró fijamente y él también, de la nada, me dijo: "David, ¿cuándo vas a entrar al ministerio?". Ahora aquí estaba Dios hablando a través de otras personas, tan claramente como se podía pedir, antes del mediodía de ese día.

Pienso en cuando llegó el momento de enfrentar el hecho de que yo era un hereje en la denominación en la que era ministro en lo que respecta al tema del bautismo y tuve que comparecer ante un comité doctrinal formado por teólogos de esa denominación, una perspectiva que no me agradaba en absoluto. Unas dos semanas antes de eso, estaba de vacaciones en un pequeño pueblo de pescadores en la costa de Northumberland, y un querido pescador se levantó en el púlpito y leyó la palabra de Dios en Hebreos: *"No temeré lo que pueda hacerme el hombre"*. Mientras hablaba, todo el miedo desapareció. Aunque perdimos trabajo, casa, pensión, todo, Dios había hablado; su palabra cobró vida y el miedo desapareció.

Luego pienso en la siguiente voz que escuché a través de las circunstancias, cuando la Iglesia Bautista Gold Hill dijo: "Te estamos llamando a ser el pastor; ¿Vendrás?".

Dije: "Lo siento, pero no puedo venir hasta el próximo 30 de abril como muy pronto". Era entonces noviembre.

Dijeron: "¿No es extraño? Estamos construyendo una nueva casa pastoral y el constructor nos dijo que estaría terminada el 30 de abril". Así fue, y nos mudamos el 30 de abril. ¡Circunstancias!

Luego pienso en nuestra mudanza a Guildford, y en cómo dos veces la iglesia escribió y dijo: "¿Vendrás a Guildford para ser pastor?". Le respondí y dije: "de ningún modo", o palabras en ese sentido. Pero una mañana, mientras estaba en la cama y no me sentía muy bien ese día, en el papel tapiz estaba la palabra "Guildford". Dije: "Señor, ¿no debería haber dicho que no?". Mi esposa trajo la bandeja del desayuno. Había el correo en una bandeja y el sobre superior tenía un matasellos de Guildford. Ella recordará que me volví hacia ella después de leer la carta y le dije: "Vamos a Guildford". Miramos hacia atrás y vemos que Dios habla de mil y una maneras. Lo importante es creer que va a responder, no decirle cómo ni cuándo. ¡Espero que esto le resulte lo suficientemente práctico!

Es vital creer que Dios puede actuar, que es un Dios vivo, que tiene control vivo de la situación, y que la oración cambia cosas, no solo personas. Ahora le voy a dar una pequeña lección de filosofía. Hay tres filosofías a considerar aquí: teísmo, deísmo y monismo. Los teístas dicen que Dios creó y controla este universo. Los deístas dicen que Dios creó este universo, pero no puede controlarlo; es como un reloj que hizo y le dio cuerda, y ahora se controla por su cuenta. Los monistas dicen que este mundo se creó a sí mismo y se controla a sí mismo. El monismo no permite la oración en absoluto, pero el deísmo es demasiado común dentro de la iglesia. Los deístas dicen que uno puede orar por las personas porque Dios puede cambiarlas, pero no puede orar por las cosas porque Dios ya no tiene el control de ellas. Por ejemplo, no se puede orar por el tiempo, porque está controlado por leyes naturales. Puede orar por uno mismo y orar por paciencia para uno mismo y puede orar por los enfermos. Un teísta dice que Dios no solo creó, sino que también controla.

Estaba escuchando el *Elías* de Mendelssohn, ese oratorio incomparable, que ya había escuchado anteriormente en Ein Gev, en el mar de Galilea, una tarde de domingo de Pascua. Pensé en Elías mientras miraba el jardín, y al ver lo seco que estaba pensé: "Me pregunto si un profeta en Gran Bretaña se atrevería a decir: 'Dios, detén la lluvia durante tres años y medio hasta que entremos en razón'". Después de solo unos meses de lluvias ligeras, ¡comenzamos a preocuparnos! Mediante oración, aquel justo detuvo la lluvia durante tres años y medio. ¡Imagínese lo que ocurriría en Gran Bretaña si eso sucediera! Es mucho más probable que estemos de rodillas rogando que llueva tan pronto como el grifo se seque. Pero Elías había visto la verdadera necesidad del pueblo cuando dijo: "Dios, detén esa lluvia por tres años y medio".

Recuerdo estar en el viento cálido del desierto y sentir cómo lo secaba todo, y reflexioné sobre cómo habría sido eso durante tres años y medio. Y cuando estaba en el Monte Carmelo, en el mismo lugar donde Elías desafió a los profetas de Baal, tomé una fotografía de una nube del tamaño de la mano de un hombre, justo encima de mí. Elías creía que Dios puede controlar, que puede actuar, que es un Dios vivo.

Watchman Nee también hizo esto. Él y un niño fueron a evangelizar una isla frente a China continental, y cuando llegaron allí encontraron un culto a la fertilidad que adoraba a un dios que la gente creía que enviaba la lluvia. Había una procesión anual de este ídolo, cuando el sacerdote lo llevaba calle abajo. Esto tenía lugar en tiempo seco. La gente del lugar caminaba bajo el sol y le pedían a Dios que trajera la lluvia unas semanas después, y llovía, pero nunca llovía el día de la procesión. La pareja intentó predicar el evangelio, pero no pasó nada. Mientras oraban al respecto, este niño de catorce años dijo a Watchman Nee: "¿Por qué no les hacemos un 'Elías'"?

La fe de Watchman Nee no estaba a la altura, pero dijo: "Está bien, hagámoslo". Y oraron para que el día que la gente sacara el ídolo lloviera sobre el ídolo. Durante las siguientes semanas, el cielo permaneció despejado y azul. Cuando se levantaron la mañana de la procesión, el cielo todavía estaba despejado y azul, y su fe tembló un poco. Entonces comenzó la procesión por la calle con el ídolo y se empezó a formar una nube. Se extendió rápidamente y llegaron las primeras gotas. Llovía a cántaros, el sacerdote que llevaba el ídolo resbaló... ¡y se rompió! Los sacerdotes se apresuraron a arreglarlo y anunciaron públicamente que se habían equivocado con la fecha y que sacarían al dios algunas semanas después.

Watchman Nee dijo: "No lloverá hasta el día en que lo traigan de nuevo, y entonces volverá a llover". Así ocurrió, y la isla se volvió al Señor. Es que tenemos que creer que Dios todavía tiene el control, que puede actuar y que puede cambiar cosas, no solo personas.

Íbamos a tener nuestro primer culto al amanecer del Domingo de Pascua en Guildford. Nos reunimos para nuestra reunión de oración del sábado por la mañana, deprimidos porque el pronóstico del tiempo era malo. Hasta donde sabíamos, era el primer servicio al amanecer en nuestra ciudad y sentimos que era para la gloria del Señor. Oramos: "Señor, tú eres nuestro 'hombre del clima'". Oramos por su gloria, no por nuestro culto o por nuestra organización; esto era diferente a orar por un buen día para un paseo de la escuela dominical. Oramos por su gloria, por el primer culto. Aquella mañana de domingo vimos un sol récord: el mejor en Guildford en dieciséis años. ¿Deberíamos descartarlo como una coincidencia? Usted lo puede hacer, pero prefiero vivir en una serie de "coincidencias" de este tipo. Requiere fe en que Dios tiene el control, que no se limitó a crear el mundo y luego lo dejó funcionar según las leyes naturales. Las leyes naturales son para Dios lo que las reglas de la escuela son para el director. Puede cambiarlas en cualquier momento que quiera.

Lo último que necesitamos creer es esto: Dios nos dará lo que le pidamos. Quizás pensó que habría mencionado esto primero cuando escribí sobre la oración con fe. Pero lo menciono al final. Primero es necesario creer en todas estas otras cosas: que Dios realmente está ahí; que es personal; que puede oír; que escuchará; que puede responder; que puede actuar. Entonces, si estoy seguro de esas seis cosas, puedo orar con fe para obtener lo que pido. Es ese tipo de fe la que obtiene respuestas. Jesús dijo: "Por eso les digo: Crean que ya han recibido todo lo que estén pidiendo en oración y lo obtendrán". Esa es una declaración extremadamente fuerte. Su hermano Santiago, escribiendo muchos años después, dijo: "Pero que pida con fe, sin dudar, porque quien duda es como las olas del mar". No dude. Éste es el problema: llegan las dudas; aparece la preocupación. ¿Sucederá? ¿Estará bien? Como nos enseñó Jesús, la preocupación es una calumnia contra el Padre celestial. "Hombres de poca fe".

Hay tantas historias que es difícil saber por dónde empezar. Pienso en ese labrador de Lincolnshire, John Hunt, que aprendió a leer la Biblia por su cuenta manteniéndola en equilibrio sobre los mangos de su arado mientras araba los campos. Aprendió por sí mismo griego y hebreo de la misma manera. Salió a la edad de veintiséis años a Tonga y Fiyi como primer misionero, y eso llevó a que esas islas se volvieran a Cristo en diez años; y luego murió a los treinta y seis años, agotado por su trabajo. En el viaje de ida, el barco estuvo a la vista de Fiyi cuando naufragó en un arrecife de coral y se estaba rompiendo bajo sus pies. Parecía como si ese viaje hubiera sido en vano y todos se ahogarían; no había esperanza. Pero John Hunt se arrodilló en la cubierta y dijo: "Señor, hemos venido a traer tu evangelio. Llévanos allí". Cuando abrió los ojos, para su horror, vio un gran maremoto acercándose a ellos; la ola había comenzado en un volcán submarino en el

Pacífico. Sin embargo, en lugar de ahogarlos, levantó lo que quedaba del barco, lo llevó una milla y lo arrojó a la orilla. Todos los hombres salieron caminando. ¡Él creyó!

A veces me deprimo un poco al leer libros sobre respuestas a oraciones. ¿Y usted? Lee la vida de George Müller y Hudson Taylor y lo único que quiere es alejarse disimuladamente y darse por vencido. Hay dos cosas que no tienen que ver con la fe de usted y dos cosas que tienen que ver con ella. Seamos prácticos. Estas son las cosas que no tienen que ver con eso. No intente *sentir* su fe. Sus sentimientos suben y bajan; si no lo hicieran, no tendría ninguno. Pero si une su fe a sus sentimientos, su fe también subirá y bajará. Ate sus sentimientos a su fe, entonces sus sentimientos seguirán a su fe. Ate su fe a los hechos. Esa es la forma correcta. Tampoco debe intentar *forzar* su fe. ¡Puede leer la vida de George Müller y luego intentar obligarse a abrir un gran orfanato! Forzar la fe no funciona. ¿Qué debe hacer a su fe? Primero lo estimula y luego lo estira. Estimule su fe escuchando otras respuestas a la oración.

Había un joven adolescente de mi congregación, en una excursión escolar, que tuvo un pequeño problema. Mientras viajaba en el vagón quiso comerse la naranja que le habían regalado con el almuerzo para llevar. El problema era qué hacer con la cáscara de la naranja. Los ceniceros estaban llenos y no quería guardarla en el bolsillo. Entonces, ¿qué hizo? Oró con fe, pidiendo a Dios que se ocupara del problema. Otro niño le dio una palmadita en el hombro y le preguntó: "¿Qué vas a hacer con esa cáscara?".

"¿Por qué preguntas?", respondió.

"Bueno", dijo el otro niño, "me gusta comerla. ¿Me la puedes dar?".

El niño que había orado deliberadamente recorrió el autobús preguntando: "¿Tú comes cáscara de naranja?". Y todos los demás niños respondieron con un rotundo "no". Es divertido, pero para mí es tremendamente alentador, porque simplemente pidió acerca de un problema simple y el Señor escuchó y lo solucionó. Todo eso coincide con el Señor que convirtió el agua en vino cuando se encontraron con una situación difícil en una recepción de bodas en Caná de Galilea.

Estimule su fe escuchando respuestas a la oración y estimule su fe leyendo la Biblia. Al adentrarnos en la Biblia, vivimos en un mundo en el que la gente habla con Dios y él les habla a ellos. Uno vive en un mundo real; es un hecho, no ficción; No es un libro de texto de ciencia, pero tampoco es un mito. Es un mundo en el que personas reales presentaron sus necesidades reales a Dios, le pidieron sobre ellas y él las satisfizo. Cuanto más lea la Biblia, más vivirá en ese tipo de mundo y más hará lo que hicieron las personas en la Biblia.

Estimule su fe; no intente sentirlo, no intente forzarlo, sino estimularlo y *estirarlo* desde dentro. Aprendí este mensaje de un misionero francés. Me dijo: "David, nunca ores fuera de tu fe", y pensé: "¿Qué quiere decir con eso?".

"Dios es capaz de hacer muchísimo más de lo que pedimos o incluso imaginamos". Eso es lo que dice Pablo en Efesios capítulo três. ¿Conoce el himno que dice "Por tanto, vienes al Rey, y traes contigo grandes peticiones"?

Dije al misionero: "¿Qué quieres decir? Él es capaz de hacer cualquier cosa".

Él respondió: "Sí, él puede hacerlo y, a menudo, hará más de lo que le pides o imaginas, pero debes aprender a orar dentro de tu fe".

Continuó: "Aprendí esta lección con mi vecino de al lado. Cuando se mudaron, los puse en mi lista de oración y oraba por ellos diariamente —por su conversión— y no pasó nada. Finalmente le dije al Señor: "¿Por qué? No me estás mostrando ninguna respuesta a mi oración. Oro todos los días por mi vecino". El Señor dijo: "Porque no lo crees". Le respondí: "Pero Señor, tú puedes hacer cualquier cosa". El Señor dijo: "Sé que puedo, pero tú no lo crees".

Él dijo: "Pero lo creo, Señor, todo es posible para ti", y el Señor dijo: "No, no puedes imaginar a tu vecino como cristiano, ¿verdad?". Él respondió: "No, ¡No puedo!". Entonces preguntó por qué debía orar, y el Señor dijo: "Ora por algo que puedas creer que sucederá". Entonces oró para poder tener una buena conversación con su vecino. Y al cabo de una semana habían tenido una gran charla junto a la valla del jardín. Entonces oró para poder entrar en la casa de al lado, algo que nunca había hecho. Poco después, su vecino lo invitó a tomar un café. Luego oró para que el vecino tocara el tema a la religión, y el vecino le preguntó dónde iba los domingos. Luego oró para poder llevar al vecino a algo en la iglesia, y el vecino vino.

¿Ve lo que estaba haciendo? Estaba estirando su fe desde adentro. Estaba orando dentro de su fe y, a medida que la estiraba desde adentro, ésta iba creciendo. Hasta que, finalmente, dijo: "Señor, convierte a mi vecino", y se convirtió.

Así que no trate de sentir su fe; no intente forzarla; pero estimúlela estudiando respuestas a la oración, particularmente en la Biblia, y estírela desde adentro orando dentro de su fe. Es mucho mejor orar por algo pequeño en lo que pueda creer, para que cuando Dios responda a su fe, ésta crezca un poquito y orará por algo más.

A menudo uno escucha oraciones como: "¡Señor, envía avivamiento a nuestra ciudad!". Quiero detener a esa persona y decirle: "¿Qué tiene en mente cuando hace esa oración? ¿Qué piensa que sucederá? ¿Y, puede verlo suceder? ¿No sería mejor comenzar con algo que podría creer que sucederá, que puede ver que sucede con el ojo de la fe, aunque todavía sea invisible para usted?". Comience dentro de su fe y estírela desde adentro.

Miremos ahora el lado objetivo de la fe. El lado objetivo es la Paternidad. La fe debe tener contenido; tiene que ser "fe en...", y mi fe se encuentra con su Paternidad. Porque lo que es peculiar de la oración cristiana —que no encontrará en ningún otro lugar del mundo, en ninguna otra religión, en ningún libro de otra religión— es esto. Un día los discípulos escucharon a Jesús orar. Ahora bien, eran hombres que habían sido educados para decir sus oraciones, eran hombres que sabían *qué* decir, pero cuando escucharon a Jesús orar, fue algo diferente. Cuando terminó, se reunieron alrededor de él y dijeron: "Señor, enséñanos a orar". No dijeron: "Señor, enséñanos *cómo* orar"; no estaban pidiendo un método. Estaban diciendo: "Señor, ¿podrías enseñarnos a hablar con Dios como lo haces tú? ¿Podrías enseñarnos a orar?". Y él dijo: "Sí, puedo. *Cuando oren, digan: 'Abba'*...". Para un judío es una revolución. A cualquiera le puede parecer increíble. Si va a todas las personas que no vienen a la iglesia y que dicen creer en Dios, y cuenta cuántas veces usan la palabra "Padre" acerca de él, no encontrará una sola vez. "Oh, creo en Dios", dicen. "No quiero que pienses que no creo en Dios". Pero no dicen "Padre", ¿verdad? Por supuesto que no, porque no son sus hijos.

Incluso en la religión judía, que estaba más cerca de la verdad que cualquier otra, que preparaba para la verdad y era su fundamento, tenían tanto miedo de tomar el nombre de Dios en vano que hasta el día de hoy no lo pronuncian. En Israel pregunté a un judío sobre esto. Intenté presionarlo, pero por más que lo presioné no pude lograr que lo hiciera. Estaba tratando de ser sensible en todas las demás áreas, pero lo presioné en esto, diciéndole: "Nunca sé, cuando estoy predicando, cómo pronunciar el nombre de Dios; ¿Me lo dirías?". Él me estaba dando una lección de hebreo, y me dijo que debía decir "Eliahu" y "Moishe", y que no debía decir "Jesús" sino "Yeshúa", y no "Mesías" sino "Meshiah" e "Izra" y no "Esdras". Le dije: "Bien, ahora ¿cómo pronuncio el nombre de Dios?". Parecía como si le hubiera abofeteado y luego dijo: "Te diré las letras". Entonces me dijo las cuatro letras. lo cual ya sabía de todos modos. Le pregunté: "¿Cómo digo eso?". Él dijo: "Los judíos no lo dicen". Le dije: "Bueno, si lo dijeran, ¿cómo lo dirían?". Creo que puedo sacar cosas a las personas muchas veces, pero no pude sacarle nada en este caso. Dijo: "A veces usamos la palabra 'Señor' o a veces usamos solo la frase 'el Nombre'. Decimos: 'Habla con el Nombre; el Nombre te escuchará y el Nombre te responderá'". Pero dijo: "No, no voy a usar el Nombre".

Jesús entró en esa situación y dijo: "Cuando ores, di Papá". (Eso es lo que significa "Abba"). En cada grupo que llevamos a Israel, alguien siente la emoción de escuchar esa palabra. Dicen: "Acabo de escuchar a un niño gritar: 'Abba, Abba'". Es la primera palabra que se le enseña a un niño judío. Jesús vino y enseñó a los discípulos que no era un método, técnica o ritual. "Cuando ores, di: 'Abba, papá'. Eres su hijo".

Ahora considere el uso de las manos al orar, porque, con excepción de la boca, esa parte del cuerpo se usa más en la oración en las Escrituras que cualquier otra parte, incluso más que las rodillas. La mayor parte de las oraciones en las Escrituras se hacen de pie, algunas de rodillas, todas con los ojos abiertos; no hay nada en la Biblia sobre cerrar los ojos. Vimos cómo los niños mendigos usaban la mano como debía ser en el Monte de los Olivos. "Alo", decían los pequeños niños árabes, y la mano estaba con la palma hacia arriba, ligeramente ahuecada para atrapar cualquier cosa que se pusiera, y se convirtió casi en moneda corriente en los grupos de nuestras giras. ¡Qué extraño que enseñemos a nuestros hijos a hacer algo que nosotros no hacemos! Les enseñamos a usar sus manos en oración. Pero normalmente les enseñamos la postura equivocada. He escuchado varias explicaciones de por qué consideramos "correcta" una forma particular de juntar las manos. Es, por supuesto, un saludo oriental a un superior. Algunos han dicho (pero realmente no lo creo) que están creando un arco gótico como santuario; ¡aparentemente hay algunas personas que piensan que no pueden orar a menos que las puertas y ventanas tengan la forma de arcos góticos! Ésa no es la manera bíblica; la manera bíblica es así: "Alo"; la manera bíblica es decir "Papá". Pruébelo cuando esté solo. Ya sea que esté de pie, arrodillado, sentado o acostado, intente usar las manos y diga: "Papá, te necesito".

Los psicólogos nos dicen que tenemos que crecer y madurar, deshacernos de las fijaciones paternas y volvernos independientes. No podrían estar más lejos de la verdad. Madurar es cambiar un padre por otro. Crecer es cambiar a tu padre terrenal por uno celestial. Eso es lo que hizo Jesús a la edad de doce años. José ya no debía cuidar de él. Su manita ya no entraba en la mano grande de José. Podía decir: "Ahora estoy con mi Padre. Estoy en los negocios de mi Padre". Crecer no es independizarse sino poner la mano, como un niño, en una mano más grande: la mano de Dios. Por eso la oración es algo sencillo. Por eso Dios dice: "Si mi pueblo se humilla y ora..." ¿Qué quiere decir? Si se vuelven como niños pequeños y levantan las manos y simplemente dicen esto. Sin embargo, una mujer de mi congregación dijo que cuando levanto la mano era fascista y le recordaba las concentraciones de Nuremberg. Tenemos mucho miedo de levantar las manos. Sin embargo, la Biblia en todas partes dice "aplaudan" y "levanta tus manos santas al Señor". Lo convertimos en una metáfora, lo espiritualizamos, pero Dios sabe que estamos en cuerpos. Estamos en la carne; estamos atrapados en la carne hasta que morimos. Debemos orar como un ser completo. Entonces, ¿por qué no usar las manos, mantener los ojos abiertos y decir: "Hola, ¿papá?".

Nunca olvidaré a un querido santo que vino a Haslemere hace muchos años. Sufrió un infarto y fue trasladado al hospital, donde murió. Lo visité durante las últimas semanas de su vida. Su corazón estaba haciendo todo tipo de cosas raras, y le pusieron un marcapasos para intentar regularizarlo, pero no ayudó. Me pidió que orara por él para que Jesús regularizara su corazón y Jesús respondió esa oración. A partir de entonces, el corazón del hombre latió con regularidad, hasta que murió unas semanas después. Entonces Jesús respondió una oración, pero no del todo. De hecho, el hombre no pidió nada más que eso, solo para aliviar esa irregularidad. Pero ese hombre tenía una fragancia. No era una técnica, era "practicar la presencia". Un día, cuando entré a verlo, me miró y me dijo: "Oh, qué bueno verte, acabo de tener

PRACTICAR LOS PRINCIPIOS DE LA ORACIÓN

una charla tan encantadora con mi padre". ¿No es hermoso? No: "Acabo de decir mis oraciones; Acabo de pasar por mi tiempo tranquilo". Nunca olvidaré la forma en que dijo "padre". Ese hombre tenía una fe tremenda y conocía la Paternidad de Dios.

De modo que la oración cristiana comienza con esta frase: "Creo en Dios, Padre Todopoderoso". Si bien la oración es al Padre celestial, es sencilla; es hablar, es pedir, es venir como cualquier niño pequeño acudiría a su padre terrenal y le diría: "Necesito algo y confío en que me lo darás".

"Pues si ustedes, aun siendo malos, saben dar cosas buenas a sus hijos, ¡cuánto más...!" ¿Cuánto más? Quizás quiera utilizarlo como un pequeño texto o lema para sus oraciones esta semana: ¿Cuánto más?

Oración
Padre, Abba, papá, puede que seamos muy adultos cuando subamos a ese tren suburbano, pero ahora somos solo niños pequeños y lo seremos entonces. Y te necesitamos. Y, Señor, te pedimos con fe que estés con nosotros esta semana, que nos mires y nos cuides, que nos ayudes a salir adelante y que cuando tengamos alguna necesidad particular, sepamos que la suplirás, porque nos amas. Gracias por el privilegio de poder hablar contigo en cualquier momento y en cualquier lugar y en cualquier necesidad, todo porque tu Hijo nos hizo sus hermanos, y por eso nos dio permiso de llamarte Padre Nuestro. . . en el cielo, santificado sea tu nombre. Venga tu reino. Hágase tu voluntad, tanto en la tierra como en el cielo. Danos hoy nuestro pan de cada día. Y perdónanos nuestras ofensas, como también nosotros perdonamos a los que nos ofenden. Y no nos dejes caer en la tentación, mas líbranos del mal. Porque tuyo es el reino, el poder y la gloria, por los siglos de los siglos. *Amén*.

Capítulo 2

ORACIÓN A TRAVÉS DEL HIJO

Mire el siguiente pasaje sobre el maravilloso Salvador que tenemos (Hebreos 4:12ss).

Porque todo lo que Dios nos dice está lleno de poder vivo. Es más afilado que la daga más afilada, corta rápida y profundamente nuestros pensamientos y deseos más íntimos, exponiéndonos por lo que realmente somos. Él sabe de todos, en todas partes. Todo lo que nos rodea está desnudo y abierto a los ojos que todo lo ven de nuestro Dios vivo. Nada se le puede ocultar a aquel a quien debemos explicar todo lo que hemos hecho. Pero Jesús, el Hijo de Dios, es nuestro gran sumo sacerdote, que ha ido al cielo mismo para ayudarnos; por eso, nunca dejemos de confiar en él. Este sumo sacerdote nuestro comprende nuestras debilidades, ya que tuvo las mismas tentaciones que nosotros, aunque nunca cedió a ellas ni pecó. Así que acerquémonos con valentía al trono de Dios y permanezcamos allí para recibir su misericordia y encontrar gracia para ayudarnos en nuestros momentos de necesidad. El sumo sacerdote judío es simplemente un hombre como cualquier otro, pero es elegido para hablar por todos los demás hombres en sus tratos con Dios. Él presenta las ofrendas de ellos a Dios y le ofrece la sangre de los animales que son sacrificados para cubrir los pecados del pueblo y también los suyos propios. Y, como es hombre, puede tratar amablemente a otros hombres, aunque sean tontos e ignorantes, porque él también está rodeado de las mismas tentaciones y comprende muy bien sus problemas. Otra cosa para recordar es que nadie puede ser sumo sacerdote porque quiera serlo. Tiene que ser llamado por Dios para esta obra de la misma manera que Dios eligió a Aarón. Por eso Cristo no se eligió a sí mismo para el honor de ser sumo sacerdote. No, fue elegido por Dios. Dios le dijo: "Hijo mío, hoy te he honrado". Y en otra ocasión Dios le dijo: "Has sido elegido para ser sacerdote para siempre con el mismo rango que Melquisedec". Sin embargo, mientras Cristo estuvo aquí en la tierra, suplicó a Dios, orando con lágrimas y agonía de alma al único que podía salvarlo de la muerte, y Dios escuchó sus oraciones debido a su fuerte deseo de obedecer a Dios en todo momento. Aunque Jesús era el Hijo de Dios, tuvo que aprender por experiencia lo que era obedecer cuando obedecer significaba sufrir. Fue después de haber demostrado ser perfecto en esta experiencia que Jesús se convirtió en el dador de salvación eterna a todos los que le obedecen.

Hemos analizado la oración a Dios, centrándonos en dos temas: la fe y la Paternidad. Ahora comenzamos a pensar en lo que significa orar *a través de Jesús*.

¿Recuerdas esa famosa pequeña oración titulada *Vespers*, de A. A. Milne, en la que Christopher Robin se arrodilla junto a su cama y le pide a Dios que bendiga a mamá, a papá y a él? Eso era lo que yo llamaría una oración infantil. Tampoco era en ningún sentido una oración cristiana; era una oración que cualquier persona en todo el mundo podría haber orado, y Christopher Robin podría haber sido budista, hindú o lo que fuera, y haber orado esa oración. "Christopher Robin" creció y se convirtió en propietario de una librería en Devon, y se cansó de que la gente le dijera: "¿Has dicho tus oraciones hoy?".

Aquí hay otra oración que, como la de Christopher Robin, vino de la ciudad de Guildford. Fue escrito después de un servicio dominical por la tarde por un miembro de la congregación. Es una oración que solo podría haber sido hecha por un cristiano, y yo la llamaría más ingenua que infantil:

Dijiste que debía llamarlo "papá"

Papá, estoy asustado y tengo miedo. Papá, llegó al final y dijo sobre alguien que estaba orando y quería hablar contigo, Papá. Pero luego me asusté y tuve miedo, Papá.
Estaba toda esa gente, Papá, y pensé que todos me mirarían y me asustaría y no podría decirlo y sería tonto, Papá.
No quiero decepcionarte ni nada. No conozco a todas esas personas, Papá. No me gustan mucho porque no los conozco y hacen cosas diferentes y yo no los entiendo, Papá. Pero desearía haberlo compartido con ellos, Papá. Todas esas fotos de los niños bajo el sol con sus papás. Desearía poder hablarles de ti y de que soy un niño para ti. Porque puedo correr hacia ti y decir: "Mira, Papá, estoy corriendo", y podría chocar contigo porque eres grande y fuerte y no es fácil derribarte. Y podría rodear tu pierna con ambos brazos y luego puedo tomar tu mano y tú puedes balancearme en tu brazo, incluso si estás hablando con otra persona. Y si estás ocupado puedes levantarme y sostenerme en tus brazos, y puedo escuchar tu voz si estás hablando. Ojalá pudiera haberles dicho todo eso, Papá, pero ellos no son como tú, no me aman como tú y no lo entenderían. No los amo como te amo a ti, Papá, porque eres especial y me alegro de que seas mi papá y no tuviera que tener otro papá. Porque eres el mejor papá que jamás haya existido.

La primera diferencia entre la oración cristiana y cualquier otra oración es que podemos llamar a Dios "Papá". Nadie más en el mundo tiene permiso para hacerlo. Nadie más en el mundo está en condiciones de hacerlo. Jesús, cuando enseñó a sus discípulos a orar, dijo: *"Cuando oren, digan: 'Papá'..."*. [Abba, Padre]. Hay una enorme diferencia entre el tipo de oración descrita por

PRACTICAR LOS PRINCIPIOS DE LA ORACIÓN

A.A. Milne, que es infantil y simplemente habla con Dios, y que cualquiera puede orar, sea cual sea su religión, y la oración citada anteriormente, que muestra comprensión de lo que es la oración cristiana. La oración es universal en tiempo y espacio, pero la oración *cristiana* es diferente a otras oraciones.

Hace algunos años recibí esta sugerencia de un organismo ecuménico: "¿Por qué no se reúne toda la raza humana y medita sobre el poder divino detrás del universo? Podríamos vincular a los cristianos y su celebración de la Pascua, a los budistas y su celebración, y a otras religiones. Podríamos juntarlos todos y todos podríamos meditar sobre la fuerza divina detrás del universo y esto liberaría poder en el mundo". ¡No lo crean! La oración cristiana no puede ser mezclada con otros tipos de oración. Solo los cristianos pueden venir y decir: "Papá", "Abba", "Padre mío que estás en los cielos", y, como un niño pequeño, simplemente decir: "Tómame en tus brazos, estoy aquí de rodillas".

La diferencia básica entre religión y cristianismo es Cristo. Ninguna otra religión tiene a Cristo y, por lo tanto, la oración "ordinaria" es una oración sin Cristo. La oración cristiana tiene a Cristo en el centro. Tengo cinco cosas que decir acerca de Cristo en este contexto, cosas que el cristiano tiene en su oración que nadie más tiene:

1. El cristiano tiene la *enseñanza de Cristo* sobre la oración, y no hay mejor enseñanza.
2. El cristiano tiene el *ejemplo de Cristo* en su oración, y no hay mejor ejemplo a seguir.
3. El cristiano tiene la *sangre de Cristo* en su oración, y no hay súplica más poderosa que la sangre de Jesús.
4. El cristiano tiene la *intercesión de Cristo*. Incluso mientras ora, Cristo está orando por él, porque vive siempre para interceder por nosotros.
5. Finalmente –y esto es único y hace que el privilegio de la oración cristiana sea mucho más maravilloso que el

Oración a través del Hijo

privilegio de otras oraciones– tenemos el *nombre de Cristo* para usar en nuestra oración.

¿Se puede pedir más? Eso es lo que hace que la oración cristiana sea tan diferente de otras oraciones. Y eso es lo que hace que el bautismo cristiano sea tan diferente de todos los demás lavamientos, porque es bautismo en el nombre de Jesús.

Primero, su *enseñanza*. Se espera de cualquier líder religioso que enseñe a sus seguidores a orar, y todos los líderes religiosos lo han hecho de diferentes maneras. Buda lo hizo, Mahoma lo hizo, Juan el Bautista lo hizo. Un día, los discípulos se acercaron a Jesús y le preguntaron: "¿Por qué llevamos meses contigo y hasta ahora no nos has enseñado a orar? Juan enseñó a sus discípulos. Es algo con lo que necesitamos ayuda. ¿Cuándo vas a empezar a enseñarnos a orar?". Y Jesús dijo: "Bien, les enseñaré", y les enseñó. Creo que estaba esperando que le pidieran, y por eso está esperando que usted le diga: "Señor, enséñame, ayúdame, necesito ayuda", y en el momento en que usted pide es cuando él comenzará a enseñar, pero espera que el alumno esté dispuesto a recibir enseñanza. Tan pronto como le pidieron, comenzó a enseñarles.

Ahora bien, la enseñanza que les dio acerca de la oración es una enseñanza dispersa. No lo reunió todo en un libro; no dio un sermón largo sobre la oración; ciertamente no dio una serie de discursos los domingos por la noche sobre la oración. Lo que hizo fue lanzar un indicio tras otro a partir de ese momento, mientras caminaban.

En un grupo que visitaba Israel, un miembro mencionó que, durante los quince días, mientras caminábamos por Galilea, habían sido discipulados. Me conmovió mucho ese comentario y pensé que era una hermosa manera de decirlo, porque descubrimos que naturalmente, sin organizar reuniones ni cultos, estábamos hablando de las cosas de Dios, y naturalmente aplicando una pequeña lección y sacando a relucir un pequeño objeto de algo que habíamos visto, tal como Jesús solía enseñar. Esa puede ser la mejor manera de aprender. Voy a reunir algunos fragmentos de sus enseñanzas de muchos meses, uniéndolos para que usted los pruebe y le permita ver la enseñanza como un todo. Les enseñó mucho sobre *cómo* orar; también les enseñó mucho sobre *qué* orar.

Les enseñó cómo orar

Jesús dijo que primero debemos orar con *sinceridad*. Esa es una de las cosas más difíciles: conseguir sinceridad en la oración, especialmente en reuniones de oración, y orar como realmente uno se siente. Por eso me encanta esa oración ingenua citada anteriormente. Así era exactamente como se sentía la persona. Fue sincera, fue real; no estaba pasando por una forma de palabras; no estaba diciendo cosas que no fueran ciertas. Lo primero que dijo Jesús sobre el tema es que debemos orar con sinceridad, y por eso enseña que la verdadera prueba es lo que decimos cuando estamos solos. Son los hipócritas los que solo oran en público y solo dicen las cosas correctas en público. Pero él enseñó que lo real es lo que le decimos a Dios cuando estamos solos: cómo le hablamos entonces, cuando no tenemos un libro de oraciones y otras personas no nos escuchan.

Jesús también enseñó a sus discípulos a orar con *sencillez*. Él dijo: "No usen muchas palabras". Creo que uno de los mayores problemas en una reunión de oración son los que pueden orar, no los que no pueden, ¡los que siguen y siguen y siguen! Recuerdo a un querido hermano en una reunión de oración que se levantó para orar y se paró sobre la llave de un radiador de gas en el salón de una iglesia y comenzamos a oler el gas. Siguió y siguió y siguió, y yo me preguntaba si yo podría levantar su pie y cerrar la llave, y finalmente dijo "Amén", ¡y corrimos hacia la puerta!

Jesús dijo: "No piensen que por hacer muchas oraciones largas serán escuchados. Eso es lo que hacen los gentiles, y ustedes no deben ser como ellos". Luego les enseñó una oración que duró solo un minuto. Enseñó que la sencillez es la clave de la oración y de la sinceridad. Una oración simple no necesita estar disfrazada de mucho lenguaje: ni palabras largas, ni desfiles, ni parafernalia. Recuerdo a Gordon Bailey quien, cuando hablaba de este asunto de la sinceridad y la sencillez en la oración, dijo: "¿Se imaginan a un niño pequeño con el pulgar atrapado en la puerta diciendo: "¡Oh, padre, date prisa en ayudarme!'?". Simplemente no podemos imaginarlo. Debemos hablar con el Señor de la misma manera que hablamos con nuestro padre terrenal: sinceramente, simplemente.

Debemos orar con *humildad*. Jesús contó una historia sobre dos hombres que fueron a orar y uno de ellos tuvo un gran tiempo de oración: oró *consigo mismo*. Por eso pensó que era una gran oración y que estaba llena del pronombre personal "yo". Se paró allí al frente y dijo: "Señor, te doy gracias porque no soy como los demás hombres; Ayuno dos veces por semana; doy el diezmo de todo lo que poseo". Pasó un gran tiempo de oración consigo mismo, dice Jesús. Hasta ahí llegó su oración. Llegó de su cabeza a su corazón y estaba muy satisfecho con ello. Pero atrás había un hombre que estaba quebrantado, un hombre que se golpeaba el pecho y decía: "Dios, ten misericordia de mí, pecador". Jesús dijo que fue el hombre de atrás el que se fue a casa habiendo llegado a Dios.

Ore con *tenacidad*. Aguante. Siga golpeando. Eso no significa oraciones largas, pero sí oraciones frecuentes. Continúe pidiendo hasta que se abra paso y obtenga su respuesta.

Ore con *intensidad*. Esté alerta, y a veces, ayune. No es la duración de la oración, sino su profundidad lo que preocupa a Jesús.

Ore con *caridad*. ¿Cómo puede pedirle a Dios que le muestre su amor si no está dispuesto a mostrar el amor de él a otra persona? ¿Cómo puede perdonarlo él si usted no perdona a otra persona? Simplemente no se puede hacer; el circuito está incompleto; no hay ninguna conexión. Solo cuando la mano de usted se extiende hacia su hermano podrá tener el flujo del poder y el amor de Dios en tu vida.

PRACTICAR LOS PRINCIPIOS DE LA ORACIÓN

Ore con *unanimidad*. Cuando dos o tres se ponen de acuerdo en la tierra, entonces Dios escuchará y les dará lo que piden. No es un mal control de nuestras oraciones pedir a otros que oren por lo mismo que nosotros.

Les enseñó qué orar

Jesús enseñó a sus discípulos a orar por otras personas. Es interesante que destacó cuatro grupos de personas por las que deberíamos orar y, curiosamente, a menudo nos olvidamos de orar por ellas. La primera no la olvidamos tanto: enseñó a sus discípulos a orar por los enfermos, porque la oración es poder de curación, pero también les enseñó a orar por los poseídos, por los que están en las garras del mal. ¿Ora usted por esas personas? En tercer lugar, enseñó a sus discípulos a orar por los misioneros, trabajadores en el campo de la cosecha. En cuarto lugar, dijo: "Oren por sus enemigos". ¿Con qué frecuencia ora por sus enemigos? Es una categoría particular por la que Jesús le dijo que orara, y él mismo dio un ejemplo perfecto en la cruz. "Padre, perdónalos, porque no saben lo que hacen". Esteban fue la primera persona que registran las Escrituras en hacer esa oración y orar por sus enemigos, mientras lo apedreaban hasta la muerte. Jesús también enseñó a orar por uno mismo. Usted tiene necesidades. Debe orar por cosas tan prácticas como su comida diaria y su ropa. Debe orar por el perdón, que es una de sus necesidades diarias. Debe orar pidiendo guía. Debe orar cuando esté siendo tentado. Debe orar por el poder del Espíritu Santo. Todas estas son cosas por las que debe orar por usted mismo. No sé si alguna vez nos dijo que oráramos por seguridad, o consuelo, o incluso por nuestros familiares, aunque no veo ninguna razón por la que no deberíamos hacerlo. Solo señalo las cosas particulares por las que nos dijo que oráramos. Debemos asegurarnos de incluirlas.

Jesús también enseñó a sus discípulos a orar por cosas para Dios. Hay cosas que él quiere. Quiere que su nombre sea santificado. Quiere que se haga su voluntad; quiere que venga su reino. Ore por esas cosas. Puede hacer una lista a partir de las enseñanzas de nuestro Señor sobre cosas para orar por usted mismo, cosas para orar por otros y cosas para orar por Dios, y ya tiene una gran lista. Lo primero que tenemos en la oración cristiana es la enseñanza de Jesús y le recomiendo esto: repase su enseñanza en un ejemplar del Nuevo Testamento, y marque con un color todo lo que dice sobre la oración, y aprenderá muchísimo.

En la oración cristiana, no solo tenemos las *enseñanzas* de Jesús, sino también su *ejemplo*. Practicaba lo que predicaba. No estoy seguro de que me guste la palabra "ejemplo", porque no creo que Jesús oraba para darnos un ejemplo; creo que oraba porque lo necesitaba. Pero él es un ejemplo glorioso. Así que recorrí la vida de Jesús para ver si podía encontrar un *patrón*, y descubrí que no hay ningún patrón en la vida de oración de Jesús. Tenía un patrón de ir todos los sábados a la sinagoga, como era su costumbre. Pero nunca dice que oraba a cierta hora del día como era su costumbre. Empecé a preguntar: ¿cuándo oraba? Y descubrí que había ciertas ocasiones en las que Jesús oraba. A continuación, hay algunos de ellas.

Cuando estaba en un gran conflicto o tenía que tomar una decisión, oraba. Cuando iba a tener que elegir doce apóstoles, pasó toda la noche orando por ello. Eso no significa que pasó todas las noches y toda la noche en oración, pero tenía una gran decisión que enfrentar, así que oró. Encuentro que oró en todas las crisis y grandes momentos de su vida: en su bautismo, en su transfiguración, antes de su muerte en la cruz.

También me doy cuenta de que siempre oraba cuando estaba lleno de emoción, ya fuera de gran alegría o de gran tristeza, de gran excitación, de ira o de angustia. Oraba cada vez que sus emociones lo llenaban, cualquier tipo de emoción. Ése es un muy buen consejo para la oración: cuando esté lleno de emoción, ore para que Dios lo ayude a manejarla. ¿Recuerda la ocasión en que los discípulos regresaron y dijeron: *"Hasta los demonios están sujetos a nosotros"*, y él estaba tan emocionado, tan encantado, que se llenó de gozo? En un momento convirtió su alegría en oración y dijo: *"Padre, te doy gracias porque lo has escondido de los sabios y lo has revelado a los niños y a los que maman"*. Estaba tan lleno de gozo que no pudo más que orar.

Así que aprendió a controlar sus emociones en la oración y a entregar sus sentimientos directamente a Dios en oración. Ése es un patrón que bien podríamos seguir, ya sea que estemos en la cima de una montaña o en el fondo del valle.

Después, observo que oraba particularmente cuando estaba en una multitud o muy ocupado. Cuando muchas cosas lo apremiaban, solía aprovechar un momento para orar en esa situación.

Luego me doy cuenta de que casi siempre oraba cuando estaba a punto de realizar un milagro, cuando se enfrentaba a una necesidad tremenda, cuando sabía que de él iba a salir poder, que necesitaría un suministro de recursos celestiales. Oraba antes de abordar la situación.

¿Le estoy dando un patrón? No es un patrón normal de "despertador", sino una oración real relacionada con necesidades reales, situaciones reales, emociones reales; es una forma de vida, y eso es lo que encuentro en la vida de él. Practicar la presencia en lugar de dominar la mecánica. A veces era temprano en la mañana, a veces tarde en la noche, a veces era toda la noche, pero su oración estaba relacionada con la vida y era completamente real.

Si pregunto "¿dónde oraba?", encuentro que, cuando podía, se alejaba de la gente, y como no tenía casa propia, no tenía dormitorio propio, por lo que Jesús usaba el aire libre vez tras vez. Puedo sugerirle, si uno de sus problemas es que la familia está encima de usted, o que está en un apartamento con otras personas y simplemente no puede tener tiempo a solas, que salga a caminar al aire libre con Jesús. Haga lo que él hizo y aléjese.

En los días de su carne, dice la Biblia, Jesús ofreció oraciones y súplicas con fuertes clamores y lágrimas, y fue escuchado por su temor piadoso.

¿Por qué oraba? Oró por el bien de otras personas. Dijo: *"Señor, por ellos, para que crean que esto haces, que es para tu gloria. Oro por el bien de ellos"*. También dijo: *"Oro por el bien de ustedes"*. Pero, sobre todo, creo que Jesús oraba por sí mismo, y si él necesitaba orar, sería imprudente que cualquiera dijera: "No necesito hacerlo". Así que Jesús oraba. ¿Dónde? ¿Cuándo? ¿Por qué? Las respuestas están ahí para usted en las Escrituras. Le recomiendo su oración en Juan capítulo 17. Es la oración más maravillosa que jamás hayan escuchado, y es la única oración completa de Jesús que tenemos. Solo le preocupan dos cosas: la gloria de su Padre y el crecimiento de sus seguidores. ¡Qué oración! Está llena de peticiones, escrito por un hombre que, sesenta años después, recordaba vívidamente cada palabra de esa oración, mientras Jesús oraba por la gloria de su Padre y el crecimiento de sus seguidores; esas son dos cosas excelentes por las cuales orar.

No solo tenemos las *enseñanzas* de Jesús, no solo tenemos su *ejemplo*, sino, en tercer lugar, cuando oramos tenemos su *sangre*, ¡y cuánto la necesitamos! Déjeme darle un ejemplo hogareño. Hay ocasiones en las que le estoy haciendo algo al coche. Me encanta hacer cosas con las manos. Me resulta muy terapéutico. Me pongo todo grasiento y sucio, y de repente descubro que necesito algunos pernos o tornillos autorroscantes. ¿Entonces qué hago? Llamo a la puerta de la cocina y digo: "¿Vas a ir a la tienda?".

"¿Por qué?".

"Bueno, porque no puedo ir así. Tendré que dedicar mucho tiempo a quitarme estas cosas antes de poder ir a buscarlas. No estoy lo suficientemente limpio como para ir corriendo a las tiendas a conseguir lo que necesito". Es un pequeño ejemplo simple y bastante tonto. ¿Alguna vez se ha parado a pensar que simplemente no está en condiciones de ir a pedirle algo a Dios, que es un desastre; que está sucio? ¿Cómo va a ir a su presencia y orar? ¿Quién subirá al monte del Señor? *El que tiene manos limpias y corazón puro.* ¿Cómo voy a llegar allí? Hay una forma muy sencilla. Alguien ha llamado a este texto la pastilla de jabón cristiana: *La sangre de su Hijo Jesucristo nos limpia de todo pecado*. Entonces, cuando vaya a orar, ¿qué tal si se lava esas manos y ese corazón en la sangre de Jesús?

Hay un oficial del ejército retirado que antes de leer la Biblia siempre va al baño y se lava las manos. Lo encuentro muy conmovedor, aunque no le recomiendo que lo imite. Es algo que surgió de su deseo de ser limpio cuando vino a Dios. Es algo sencillo. Usted tiene la sangre de Jesús, y por eso puede atreverse a venir directamente a su presencia; Incluso si está sucio, puede reclamar esa sangre de inmediato y confesarse, literalmente. Para quien confiesa, Dios es justo y perdonará, y la sangre de Jesús limpia. Así que puede venir limpio.

Hay algo más. Usted entra en un reino donde habrá maldad. Llega a los lugares celestiales con su oración. Lo que mucha gente no entiende es que Satanás no está allá abajo en el infierno, sino allá arriba en el cielo. Efesios capítulo 6 le dice esto. Tan pronto como llega a los lugares celestiales, es consciente del mal que hay allí y está en la batalla, porque orar es estar en la primera línea de la batalla. ¿Qué hace al respecto? Aquí es donde la sangre de Jesús entra de nuevo en juego. Porque no hay poder como la sangre de Jesús contra el mal, ningún poder que pueda mantenerlo a raya como reclamar la sangre de Jesús. Así que tiene la sangre para limpiarlo, y tiene la sangre para alejarlo del mal mientras ora y lucha. Eso es algo que ninguna otra religión puede ofrecerle, porque ninguna otra religión tiene la sangre de Jesús.

En cuarto lugar, usted tiene la *intercesión* de Jesús. El Día de la Ascensión recordamos la cosa más increíble. Me han dicho, y las enciclopedias lo registran, que Yuri Gagarin fue el primer hombre en ir al espacio. ¡Pamplinas! Probablemente Enoc fue el primero, Elías ciertamente fue, y Yuri Gagarin nunca fue al espacio. Tuvo que envolverse con un poco de tierra y tomar suficiente atmósfera terrestre y comida incluso para llegar allí.

Pero les digo que Jesucristo, en su ascensión —y yo estuve

en el Monte de los Olivos— simplemente salió al espacio tan fácilmente como escribo esto ahora, y subió directamente al espacio, hasta el cielo más alto, y se sentó en la sala de control del universo, y ahí es donde está sentado. ¿Qué hace allí, aparte de controlar todo lo que sucede, aparte de tener todos los gobiernos bajo sus manos, aparte de tener toda la autoridad y poder en el cielo y en la tierra dada a él? Él está orando por usted, y si nadie más estuviera orando por usted, él lo estaría haciendo. ¿Le parece emocionante? Cuando ora, está uniendo su oración a la de él. Él está orando todo el tiempo, siempre está intercediendo por usted. Lo hizo mientras estaba en la tierra. Dijo: *"Simón, Simón, he orado por ti para que Satanás no te atrape"*. ¿Usted cree que dejó de orar por Simón cuando regresó al cielo? Lejos de eso, simplemente siguió orando. Como él siempre vive para interceder, siempre tendrá a alguien orando por usted, así que nunca sienta que está olvidado. Si es cristiano, entonces Cristo está intercediendo por usted. No se olvida de uno de sus seguidores, y eso podemos afirmarlo.

Hay dos cosas a tener en cuenta aquí. La primera es su empatía. Él ora con tremenda empatía. ¿Por qué? Porque fue y es un hombre. Una querida señora católica romana asistió a uno de nuestros cultos. Estábamos charlando y le dije: "¿Por qué ora a María?", y ella dijo, muy sencilla y sinceramente: "Porque ella es humana". Pero Jesús es humano y comprende; es cuando solo enfatizamos su divinidad y olvidamos su humanidad actual —y los cristianos a menudo olvidan esto— que tenemos que buscar en el cielo a alguien más que sea humano para sentir que nuestras oraciones son comprendidas.

Yo no oro a María. No lo necesito. Oro a Jesús; él es humano y comprende. Él ha sido tentado, como yo; y tiene una tremenda empatía.

Un amigo mío estaba dirigiendo una reunión en una iglesia metodista en Australia, y al final de la reunión invitó a cualquiera que tuviera una necesidad a acercarse, arrodillarse junto a la

PRACTICAR LOS PRINCIPIOS DE LA ORACIÓN

barandilla de la comunión y pedirle a Jesús que supliera esa necesidad. Una monjita vestida con un hábito blanco y negro se acercó al frente y dijo: "¡Señor Jesús, lléname de tu Espíritu Santo, y si no lo haces, se lo contaré a tu madre!". ¡Eso fue oración! Puedo decirle que Jesús ya no quería que ella orara a su madre, así que respondió en el acto y la llenó hasta rebosar con su Espíritu, allí mismo.

Jesús siente empatía. Usted no necesita a nadie más en el cielo. Usted no necesita santos; no necesitas a nadie. Usted tiene un sumo sacerdote que conoce nuestras debilidades y comprende lo que hemos pasado, porque él ha pasado por eso; lo peor que podría enfrentar usted, él ha pasado por eso. ¡Qué privilegio es tener un sumo sacerdote comprensivo y suplicante! Él está, por así decirlo, de nuestro lado, pero también está del lado de Dios. Solo hay un mediador entre Dios y el hombre —el hombre Cristo Jesús— y en la sala de control del universo hay un hombre ahora mismo —Jesucristo— intercediendo por nosotros.

Por eso también puede salvar por completo[a] a los que por medio de él se acercan a Dios, ya que vive siempre para interceder por ellos. (Hebreos 7:25).

Cristo Jesús es el que murió e incluso resucitó y está a la derecha de Dios e intercede por nosotros. (Romanos 8:34).

Pero si alguno peca, tenemos ante el Padre a un intercesor, a Jesucristo, el Justo. (1 Juan 2:1).

Todo está ahí, en cada escritor del Nuevo Testamento. Hay una canción que se titula *Jesús el crucificado suplica por mí*, un título que lo dice perfectamente. ¡Qué hermosa canción! (Con la hermosa melodía *Crucifixion* de Stainer)

Usted tiene una cosa más en la oración cristiana que nadie más tiene. En una noche de la historia, toda la oración cambió. Fue la noche antes de que Jesús muriera, y cinco veces esa noche dijo una cosa acerca de la oración que ha cambiado todo el curso de la oración para millones de personas. Nunca lo había dicho antes, en tres años. Dijo:

> *"Cualquier cosa que ustedes pidan en mi nombre, yo la haré; así será glorificado el Padre en el Hijo. Lo que pidan en mi nombre, yo lo haré"* (Juan 14:13-14).
>
> *"Si permanecen en mí y mis palabras permanecen en ustedes, pidan lo que quieran y se les concederá"* (Juan 15:7).
>
> *"Yo los escogí a ustedes y los comisioné para que vayan y den fruto, un fruto que perdure. Así el Padre les dará todo lo que pidan en mi nombre"* (Juan 15:16).
>
> *"En aquel día ya no me pedirán nada. Les aseguro que mi Padre les dará todo lo que pidan en mi nombre. Hasta ahora no han pedido nada en mi nombre. Pidan y recibirán para que su alegría sea completa"* (Juan 16:23).

Les había enseñado a orar, pero nunca antes les había dicho esto. La noche antes de morir, les enseñó que de ahora en adelante había algo nuevo en su vida de oración. De ahora en adelante debían usar su nombre. ¿Qué quiso decir? Lamentablemente, pensamos que lo único que hizo fue darnos unas etiquetas adhesivas con el nombre "Jesús" o con las palabras "por Jesucristo nuestro Señor", para que después de cada oración las pegáramos y listo, no más que una etiqueta en un paquete. ¡Eso no es lo que quiso decir!

Creo que puedo explicarlo mejor contándole dos usos muy comunes de un nombre, que creo que le ayudarán a comprender. Primero, imagine que le estoy mostrando mi talonario de cheques. Por el momento, si llenara un cheque por usted, no rebotaría. Ese trozo de papel no tiene valor hasta que tenga un nombre particular. Quiero que imagine dos cosas más. Primero quiero que se imagine que mi nombre tiene una cuenta en sobregiro, y que he recibido una carta del gerente de mi banco diciéndome que ya es suficiente, que mi sobregiro es demasiado grande, así que de ahora en adelante eso es todo. Podría usar mi nombre, yo podría escribirlo, podría darle un cheque... y no pasaría nada. Depende en gran medida del crédito detrás del nombre, ¿no es así? Como mi crédito es bueno en este momento, al enterarme de que usted tiene una necesidad, podría decirle: "Bien, le daré un cheque. Escribiré mi nombre en él y usted puede completar la cifra. Tómelo, recibirá su dinero y no tendrá problemas". Un cheque es absolutamente inútil sin un nombre que tenga crédito.

Ahora quiero que aplique eso al banco del cielo. Sencillamente, no hay un solo nombre que tenga saldo acreedor en el banco del cielo, ni uno solo, excepto el nombre de Jesús. Nadie más tiene crédito; todos los demás tienen un saldo en rojo en el cielo. "Perdónanos nuestras deudas". Usted está en deuda con Dios. Usted ha sobregirado gracias a su bondad más de lo que él ha recibido de usted, por lo que su nombre en una oración no se transmitirá porque el sobregiro ha sido girado. Se ha dibujado una doble línea sobre tu nombre. Pero hay alguien cuyo crédito es bueno: todo es de Jesús —¡todo! Todo es para su crédito, para su gloria; la plata y el oro son suyos; el ganado en mil colinas es suyo y su "crédito" es bueno. "Si piden a mi nombre", es decir, con mi firma, "no rebota. Mi crédito es bueno en el banco del cielo —ahí es donde está el tesoro— y si usan mi nombre obtendrán lo que piden". Esa es una promesa asombrosa. ¿Significa que Jesús me ha dado un talonario de cheques en blanco, todos los cuales han sido firmados o sellados con su nombre, para que luego pueda simplemente llenar lo que quiera y pasar el cheque? No, no significa eso, y por eso no funciona de esa manera, y si lo intentó no hubiera funcionado.

Hace muchos años, en la era final de la antigua URSS, un miembro del Parlamento, Michael Alison, presentó a la embajada soviética trescientos mil nombres en una petición, y esa petición con casi un tercio de millón de nombres fue rechazada por la embajada. Ninguno de esos nombres pudo lograr que se aprobara la petición. Pero imaginemos por un momento que en la parte superior de la petición hubiera un nombre, Brézhnev, el líder soviético en ese momento. No habría necesitado todos los demás nombres. ¡Ese nombre habría llevado esa petición directamente a la embajada! El nombre de Jesús no es una firma que ya está puesta en un libro lleno de cheques en blanco sino una firma que debemos buscar para nuestra petición.

Entonces, ¿qué es orar en el nombre de Jesús? Es traer una petición y decir: "Jesús, ¿la firmarás?". Solo necesita un nombre en su petición y será aceptada, pero tiene que ser una petición que él con gusto firmará con su nombre. Cuando eso pasa a su Padre, con su nombre escrito, no se necesitan más nombres. "Todo lo que pidan en mi nombre". ¿Podrá conseguir que Jesús firme su petición?

Hay algunas peticiones que Jesús no podría firmar de ninguna forma. Santiago y Juan eran hermanos, pescadores. Tenían una petición que querían presentar a Dios y acudieron a Jesús para pedirle que la firmara. Dijeron: "Cuando venga el reino de Dios, queremos los dos primeros asientos, a la derecha y a la izquierda". Jesús no pudo firmar esa petición y transmitirla. Así que no pudieron orar en su nombre y su petición no llegó a Dios. Entonces, orar *en su nombre* es detenerse y preguntar: "Jesús, ¿podrías firmar lo que te pido? ¿Pondrías tu nombre en esta petición? Es el único nombre que logrará que esto pase". Jesús enseña: "Si puedes obtener mi firma, entonces lo tendrás".

Ese es a la vez el problema y el privilegio de la oración cristiana. Si puede incluir su nombre en su petición, lo obtendrá. Hay muchas peticiones que le encantaría firmar si usted las presentara. Hay muchas oraciones que le encantaría transmitir si usted se lo pidiera. Hay otras oraciones sobre las cuales él le dirá: "No puedo firmar eso". Incluso hubo una ocasión en la que estuvo tentado a ofrecer una petición y luego se dio cuenta de que no podía firmarla él mismo. Él dijo: *"Padre, si es posible, quita de mí esta copa"*. Luego se dio cuenta de que no podía poner su nombre en esa oración, así que la borró y puso otra oración: *"A*

PRACTICAR LOS PRINCIPIOS DE LA ORACIÓN

pesar de eso, no mi voluntad sino la tuya sea hecha". Firmó su nombre en aquella, y Dios respondió e hizo su voluntad a través de Jesús.

Nuestra oración es en el nombre de Jesús, y eso no es un sello de goma. El Padre no puede decir no a la firma de Jesús en una petición, y por eso oramos por Jesús al Padre. Alguien me dijo una vez: "Pero eso me hace sentir a un paso de distancia de Dios, si oro al Padre por medio de Jesús". No, es todo lo contrario. Si ora a través de Jesús, se sentirá más cerca de Dios que antes de usar su nombre. ¿Por qué? Porque Jesús *es* Dios. Por eso puedes orarle, y por eso la gente venía y le oraba y lo adoraba, y él aceptaba su adoración, porque él es Dios. Entonces, cuando oro a través de Jesús, no estoy orando simplemente a través de un hombre compasivo, estoy orando a través del Hijo de Dios; Estoy orando a la mismísima divinidad.

De modo que la oración cristiana es a través de Jesús, al Padre; usa un nombre; usa sangre; usa intercesión; usa enseñanza; usa ejemplo; es la oración *cristi*ana. Cristo está en el centro mismo de esto, por eso puedo venir y decir: "Padre, tú eres el Padre de Jesús, y por él también eres mío". Porque nadie viene al Padre sino por Jesús, y tengo acceso. Estoy en comunicación con Dios. Algunas personas dicen: "Tengo dificultades para visualizar a Dios. Me cuesta imaginarlo. Sé que nos ha enseñado a llamarlo Papá, pero no puedo verle la cara. ¿Cómo hago eso?". La respuesta es: comience hablando con Jesús. Pídale que le presente a su papá y vea qué pasa. No diga "Dios" primero, sino "Jesús". Y diga: "Jesús, ¿me llevarás con tu papá y firmarás esta petición?".

Capítulo 3

ORACIÓN EN EL ESPÍRITU

La Biblia no dice en ninguna parte que la oración sea fácil, porque no es algo natural. Es algo natural en una emergencia, pero en la vida normal, cuando las cosas van bien, es algo antinatural, va contra la carne. Un texto adecuado sería: *"No sabemos orar como debemos..."*. Lo intentamos y nos damos cuenta de lo poco que sabemos. Si no lo ha intentado, por supuesto, puede pensar que puede orar, pero si lo ha hecho, sabes que no puede. Necesitamos ayuda. En los días de su vida, la gente podía ir directamente a Jesús y obtener ayuda. Podían decir: "Señor, enséñanos a orar, necesitamos ayuda". Cuando Jesús dejó la tierra dijo: "Va a ser mucho mejor para ustedes si me voy, porque alguien más vendrá y tomará mi lugar, y él los ayudará mejor de lo que yo puedo". Envió al Espíritu Santo, y una de las cosas que el Espíritu Santo hace es ayudarnos en el punto de nuestra mayor necesidad, que es la necesidad de orar. No sabemos cómo orar como debemos, pero las siguientes palabras en ese versículo son: *pero el Espíritu nos ayuda en nuestra debilidad*. ¿Qué podría ser más precioso?

¿Se da cuenta de que Dios no quiere que luche, sino que quiere ayudarlo? El Padre quiere ayudar escuchando todo el tiempo, el Hijo quiere ayudar orando por usted todo el tiempo y poniendo su firma en su petición, pero ahí no acaba la ayuda: el Espíritu Santo quiere ayudar en este extremo, haciendo que la oración comience en primer lugar. ¿Qué más ayuda puede pedir que el Espíritu Santo orando en usted, Jesús esperando para recoger la oración y transmitirla, y el Padre esperando para recibirla? Un cristiano tiene toda la ayuda que pueda pedir, si hace uso de ella.

Las preposiciones que utilizamos son muy importantes: oramos *al* Padre, *a través del* Hijo, *en el* Espíritu, *contra el* demonio, *con los* santos, *por* nosotros mismos.

¿Cómo se ora en el Espíritu? Aquí tiene dos textos más. En Efesios 6:18, que sigue al pasaje de la armadura de Dios, *Oren en el Espíritu en todo momento, con peticiones y ruegos*, no es simplemente orar, es algo más: *con* peticiones y ruegos. Así que orar *en el Espíritu* es una dimensión añadida a "con peticiones y ruegos". Puede que su vida de oración no haya ido más allá de peticiones y ruegos, pero ahora estamos hablando de esta dimensión añadida de orar *en el Espíritu* con peticiones, en otras palabras, de dar una nueva dimensión a cualquier otra oración. La breve pero intrigante carta de Judas, muy pertinente para hoy, dice: *orando en el Espíritu Santo*. De hecho, es más importante que ore en el Espíritu que orar en la habitación, en la iglesia o donde sea. El mejor lugar para orar es en el Espíritu. Es un lugar inmediatamente accesible dondequiera que esté: en la oficina, conduciendo su coche, en cualquier parte. Esa es la esfera de la oración. En realidad, no importa en qué edificio esté, pero sí importa la esfera: orar en el Espíritu.

Ya he mencionado muchas de las dificultades que tenemos en la oración. Está la dificultad de hablar con alguien a quien no podemos ver, oír o tocar; la dificultad de saber qué decir cuando sentimos que accedemos; la dificultad de que lo que queremos pedir puede no ser lo que realmente necesitamos, y de hecho puede ser malo para nosotros, y está el problema de los pensamientos errantes. Podemos hacer una larga lista de problemas, pero uno de los más básicos es saber qué decir. Cuando los discípulos dijeron: *"Señor, enséñanos a orar"*, estaban diciendo: "Señor enséñanos una oración. ¿Nos darás una forma de palabras? ¿Armarás una oración para nosotros, porque cuando accedemos realmente no sabemos qué decir; no sabemos muy bien qué frases juntar?". Y el Padre Nuestro fue dado en respuesta a esto.

¿Qué decimos? En Oriente Próximo, incluso cuando uno sabía qué decir a alguien, si quería escribir una carta tenía que ir por la calle hasta un hombrecillo sentado en una esquina con una pluma y un tintero de latón: un personaje fascinante, el "escritor de cartas". Tiene papel, toma una pluma, uno le dicta en un oído y él se lo escribe. Un escritor de cartas dice: puede que no seas capaz de expresarte, así que dime lo que quieres decir y yo lo escribiré por ti y te lo enviaré. Si pudiera decirlo así, el Espíritu Santo es el "escritor de cartas" divino. Él toma lo que queremos decir y no podemos expresar, y lo escribe por nosotros y lo envía, lo cual es precioso: tener un "escritor de cartas" incorporado todo el tiempo.

Ahora bien, la oración en el Espíritu tiene dos aspectos distintos, que trataré de definir. Está la oración en el Espíritu, cuando él se apodera de su mente y le da los pensamientos correctos que luego tiene la responsabilidad de expresar. Esa es una forma de oración en el Espíritu: cuando oramos lo que él ha puesto en nuestra mente. Hay otra forma de oración en el Espíritu en la que él no utiliza nuestra mente en absoluto, sino que se apodera de nuestra boca, y nosotros tenemos la responsabilidad de mover la boca y la lengua. Pero en este caso nuestra cooperación es simplemente usar la boca. Así que en un caso es el Espíritu el que actúa sobre nuestra mente y nosotros asumimos la responsabilidad de traducir "mente a boca". En el otro caso, nuestra responsabilidad es olvidarnos de la mente y dejar que él tenga nuestra boca y la use. El segundo tipo de oración es muy difícil para algunas personas pero, una vez que la han aprendido, es muy hermosa. Ambos tipos de oración son oraciones en el Espíritu. Sin orar en el Espíritu, la oración es simplemente decirle a Dios lo que siente que quiere, o lo que siente que necesita en una situación; sale de su mente y su boca. Luego puede ofrecerlo al Padre a través de Jesús. Pero, en ambos casos, orar en el Espíritu es cuando él le está dando los pensamientos correctos para expresar o ha pasado por alto su mente y le está dando las palabras reales. Él no ora *por* usted. Dice que nos *ayuda* en nuestra debilidad, no que se hace cargo y lo hace por nosotros.

PRACTICAR LOS PRINCIPIOS DE LA ORACIÓN

Hay un gran problema que muchas personas tienen acerca de orar en el Espíritu. Una querida señora me dijo: "He estado orando por el don de orar en otro idioma". Yo le respondí: "¿Qué ha estado haciendo?". Ella dijo: "Bueno, he estado arrodillada junto a mi cama, he estado pidiendo y pidiendo, y luego he abierto la boca. He esperado a que llegara algo y nunca ha llegado nada". No es de extrañar. Si ha orado así, comprenderá perfectamente por qué nunca ha venido nada. El Espíritu Santo no *ora* por nosotros, sino que nos *ayuda* y, de hecho, ora *con* nosotros, y necesitamos cooperar con él si queremos orar en el Espíritu. Las preposiciones griegas utilizadas en el capítulo ocho de Romanos, donde se dice que no sabemos orar como conviene, pero que el Espíritu nos ayuda en nuestra debilidad, no dice que no nos ayuda a *salir* de ella, sino que nos ayuda *en* ella y con ella, y nos capacita para vencerla. Ese es el precioso papel que desempeña.

Ahora tomemos la influencia del Espíritu en la mente, lo que yo llamaría *oración mental*, la oración de la mente en la que nuestra mente está completamente involucrada con pensamientos conscientes, que el Espíritu Santo ha puesto allí de alguna manera, ya sea a través de una impresión, una carga o un recuerdo, o a través de una circunstancia, pero el Señor mismo, el Espíritu Santo, ha puesto dentro de su mente aquello por lo que debe orar. Cuando no sabe por qué orar, ¿por qué no le pide que le diga por qué orar? Cuando sabe que alguien tiene una necesidad y no conoce esa necesidad, ¿por qué no le pide que le diga cuál es? Se asombrará de la frecuencia con la que él puede poner en su mente el pensamiento más adecuado para esa persona, y puede que no sea su necesidad más obvia.

Cuando oramos en el Espíritu de esta manera mental, el cerebro está involucrado y la mente está activa. El Espíritu nos ayuda no solo con la mente, sino también con el corazón y la voluntad, de modo que toda nuestra personalidad se activa. Aquí hay tres problemas. El primero es que con el corazón no tengo un deseo suficientemente fuerte de orar. Sencillamente, tendemos a hacer todo lo que realmente queremos hacer. Si realmente quiere hacer algo, normalmente encontrará la manera de hacerlo. Así que mi primer problema es con mi corazón: que obviamente no deseo lo suficiente. En segundo lugar, hay un problema con mi mente: pensamientos errantes; dificultad para concentrarme; ¡intento no pensar en el partido de fútbol de ayer! El tercer problema es mi voluntad: pura disciplina. Puedo intentar desesperadamente despertar el deseo y los sentimientos; puedo intentar desesperadamente mantener mis pensamientos en la dirección correcta; puedo intentar desesperadamente disciplinar mi voluntad. Pero este deseo, dirección y determinación no son fáciles de conseguir, y se necesita una personalidad bastante fuerte para lograrlos.

Es precisamente en este punto cuando el Espíritu Santo dice: "Déjame ayudarte con estas tres áreas; déjame darte pasión en tu oración; déjame darte percepción en tu oración; déjame darte persistencia en tu oración". ¿Ha pensado alguna vez en pedir esas tres cosas? "Señor, dame pasión para orar, para que mi corazón lo desee; dame percepción, para que mi mente sepa qué pedir; y dame persistencia para seguir pidiendo hasta que lo consiga". El Espíritu Santo quiere ocuparse de toda su personalidad, y ayudarlo en cada uno de esos puntos.

Siempre se puede saber cuando alguien está orando en el Espíritu, incluso cuando su mente está involucrada y está pensando mucho, porque se notarán tres cosas. En primer lugar, la voluntad del Padre, porque el Espíritu Santo nos ayuda en nuestra debilidad y ora con nosotros según la voluntad del Padre. Observamos aquí algo vital: no añada "si es tu voluntad" como una especie de codicilo, una cláusula de encubrimiento al final de tu oración. Más bien, debemos conocer la voluntad de Dios y orar según la voluntad de Dios. Si usted ora en el Espíritu, conoce la voluntad de Dios. El Espíritu Santo ora en la voluntad del Padre, y cuando el Espíritu está ayudando sus pensamientos en oración tendrá la voluntad del Padre clara en su mente, y probará su voluntad, que es buena, agradable y perfecta.

En segundo lugar, si el Espíritu está en su oración mental, entonces la gloria de Jesús también estará en ella. *"El vino para glorificarme"*, dice Jesús, y verá que, si alguien ora en el Espíritu, sus pensamientos elevarán al Señor Jesús. Ese es otro cambio que él hace en los pensamientos de alguien que ora en el Espíritu.

La tercera cosa que hará es la siguiente: cuando alguien esté orando en el Espíritu, en su oración no entrarán citas textuales, sino ecos de la Palabra de Dios, porque el Espíritu escribió la Biblia. Él nunca se contradice y sacará la espada del Espíritu del cinturón de la verdad, una y otra vez, en alguien que está orando en el Espíritu.

¿Ve ahora la diferencia entre un incrédulo orando, aunque sinceramente, y alguien que ora en el Espíritu? Un incrédulo orará por las cosas que siente que necesita. Orará por lo que quiere, se dirigirá a Dios, incluso puede decir "por Jesucristo nuestro Señor", y "si es tu voluntad", pero los pensamientos de alguien que ora en el Espíritu serán claros sobre la voluntad del Padre y la gloria del Hijo y la verdad de las Escrituras. El Espíritu traerá esas tres notas en la oración.

Así que esta es la ayuda que el Espíritu quiere darle a nivel mental: dirigir su mente en la oración; dar un deseo en su corazón de orar; dar una percepción en su mente, para que sepa cuál es la voluntad de Dios; dar una determinación de la voluntad de seguir pidiendo hasta que lo reciba; guiarlo a exaltar a Jesús y sacar de la verdad de las Escrituras y buscar la voluntad de Dios. Todo parece encajar en el patrón. Significa que estoy receptivo y abierto a él en mi mente, y escuchando mentalmente para captar lo que el Espíritu me está diciendo, de modo que la oración se convierte no en *mi* oración mental sino en *su* oración mental, y estoy pensando los pensamientos del Espíritu al modo de él antes de expresarlos. Esta es una forma de orar en el Espíritu. La reconocerá en una reunión de oración, la reconocerá en una iglesia.

El otro tipo de oración en el Espíritu está siendo conocido

por muchos más cristianos hoy en día. En este tipo de oración, como dice Pablo, la mente es "infructuosa" o, literalmente, "improductiva". En otras palabras, en este tipo de oración en el Espíritu no hay pensamientos en absoluto. El Espíritu Santo toma el control a otro nivel: toma el control a nivel de la boca, y ora una oración que es hermosa, que la persona no ha tenido que pensar. A veces es un gran alivio poder orar una oración que no ha tenido que inventar, o que no ha tenido que luchar con el Espíritu para obtener sus pensamientos, especialmente cuando uno está cansado y le resulta difícil ordenar sus pensamientos.

Es una forma de oración muy útil cuando está ocupado haciendo otras cosas y necesita concentrarte en otra cosa. Por ejemplo, el tipo de oración sobre el que he escrito hasta ahora sería muy peligroso practicarlo mientras conducimos, porque nuestra mente estaría concentrada en el tráfico. Por lo menos, ¡debería estarlo! Si está haciendo una oración mental mientras conduce y está tratando de meter sus pensamientos en su mente mientras conduce, es un conductor peligroso, ¡tan peligroso como si estuviera lleno de otro tipo de espíritu! Pero puede orar la oración en el Espíritu que es solo con la boca y no perder en absoluto la concentración mental, y orar mientras conduce perfectamente seguro, o mientras lava la ropa, o mientras hace otro trabajo, o cuando simplemente no sabe qué orar o está completamente atascado en cuanto a palabras. Creo que es muy hermoso y bondadoso por parte de Dios pensar en darnos tal ayuda en la oración. Es precioso.

¿Cómo suena una oración que no ha salido de la mente de alguien? Algunas oraciones en el Espíritu pueden sonar como un gemido. Recuerde el capítulo ocho de Romanos: *el Espíritu nos ayuda en nuestra debilidad, pues no sabemos qué nos conviene pedir.* ¿Cómo? ¿Qué forma de oración? ¿Qué es lo que sale? *Con gemidos indecibles.* Ahora bien, la palabra griega traducida aquí como "indecibles" no significa ruido, no significa "que no suenan". Significa *no poner algo en palabras.* En el día de

Pentecostés todos fueron llenos del Espíritu Santo y comenzaron a hablar cuando el Espíritu Santo les dio palabras. La palabra significa "forma de palabras". No significa que el Espíritu Santo hiciera sonar su caja de resonancia —eso es responsabilidad de ellos—, sino que el Espíritu Santo dio forma a sus lenguas y bocas para convertir los sonidos en palabras. Y de hecho ese es uno de los secretos de este tipo de oración, que nosotros hacemos el ruido y el Espíritu Santo le da forma. Pero Pablo escribe de *gemidos indecibles*, y a veces el Espíritu Santo nos hace orar con un gemido que no puede ser expresado en palabras en absoluto, ni en nuestro propio idioma ni en ningún otro, sino solo un gemido puro, y es una oración, y una oración fuerte. Me pregunto si alguna vez ha orado ese tipo de oración y simplemente ha gemido. Busque en la Biblia para ver cuántas veces el Señor oye a la gente gemir.

Si alguna vez ha estado en un terremoto, habrá oído gemir la tierra, las rocas. Hacia el final de la historia habrá más y más terremotos, y Romanos 8, el mismo capítulo en el mismo contexto de nuestros gemidos que no se pueden expresar con palabras, dice que toda la creación está gimiendo. Hay gemidos que surgen de la naturaleza misma, que espera que Dios redima toda la naturaleza, incluidos nuestros cuerpos: un cielo nuevo y una tierra nueva. ¡Estamos pensando en grande! ¿Ha llegado a tener este pensamiento tan grande?

A veces sus anhelos, cargas y pasiones son tan profundos que no puede expresarlos con palabras. Ni siquiera el Espíritu puede expresarlos con palabras, así que, si él hace que gima, es una especie de oración.

Otra forma de oración en las Escrituras que sale de la boca y no de la mente es el suspiro. ¿Alguna vez ha notado un suspiro en las Escrituras y cómo Dios escucha un suspiro? ¿Alguna vez ha suspirado? Eso puede ser oración. Nuestra visión de la oración puede ser demasiado estrecha cuando la limitamos a la comunicación verbal.

Las lágrimas pueden ser otra forma de oración. Cuando no

Oración en el Espíritu

puede expresarlo con palabras y el Espíritu Santo no lo expresa con palabras, a veces no puede hacer nada más que llorar. ¿Ha orado de esa manera antes? Sin palabras, solo lágrimas. En el Oriente Próximo, cuando alguien está de luto, los familiares que han llorado por él en su dolor tienen pequeños frascos de vidrio y recogen las lágrimas, y en lugar de enviar una corona de flores al funeral, envían un frasco de lágrimas. Creo que eso es más significativo que una corona. El salmista dice: *Pon mis lágrimas en tu frasco, oh Señor.* ¡Eso es oración! Y Dios tiene un frasco para recoger una lágrima. El Espíritu Santo puede llevarnos a muchas formas de oración que ni siquiera se pronuncian, que nunca se expresan con palabras: un gemido, una lágrima, un suspiro no se expresan con palabras.

Luego hay otros tipos de oración en las que nuestra mente no está involucrada, pero en las que ocurren exclamaciones en una palabra o frase. Pensemos en algunos de ellos. *Abba* es uno. ¿Alguna vez se has encontrado gritando eso? No "Papá", que es la traducción al español. ¿Alguna vez se ha oído a decir a sí mismo "Abba"? Dice que el Espíritu está dando testimonio a su espíritu de que es hijo de Dios. ¿Por qué? Porque es el Espíritu del Hijo de Dios en usted usando la boca de usted para dirigirse a su propio Padre en su forma favorita en el idioma arameo: "Abba". Por eso se mantiene en el arameo original en cada traducción al inglés o al español. No es cuando clama "Papá", sino cuando clama "Abba", que es Jesús llamando a su propio Padre por la boca de usted. Y vaya, realmente sabe que es un hijo de Dios cuando clama "Abba". Cuando grita "Abba", el verbo es "clamar", y es el verbo usado cuando los discípulos vieron a Jesús caminando sobre el agua y se asustaron mucho y gritaron; el verbo griego es *krazein*. ¡Ellos *krazein*aron! El capítulo 4 de Gálatas nos dice que cuando *krazein*amos "Abba", el Espíritu de su Hijo dentro de usted llama a su propio Padre a través de la boca de usted en su idioma original.

Aquí hay otra palabra jaculatoria, *Maranatha*, que significa "ven, ven Señor Jesús, regresa, ven pronto". ¿Alguna vez has dicho eso en sus oraciones sin pensar en ello? El Espíritu de Dios lo estaba haciendo.

Ahora vayamos al meollo del asunto. El Espíritu Santo no solo puede hacerlo gemir y expresar así sus anhelos más profundos en un suspiro, en lágrimas o en una exclamación que bien puede ser en el idioma original de Jesús, también puede darle total fluidez en cualquier idioma que conoce él. Si hay una palabra que odio y desearía poder eliminar de todas las traducciones de la Biblia, es la palabra "lenguas". Me transmite una especie de balbuceo tan alejado de la verdad que no me sorprende que desanime a la gente. ¿Por qué los traductores no utilizan la palabra adecuada? Les diré por qué: porque no tienen idea de cuál es la experiencia y solo están conjeturando. Entonces no lo traducen como deberían. La traducción al inglés/español de la palabra griega es "idioma", y ¿qué hay de malo en un "idioma"? Nada en absoluto. Entonces, dondequiera que vea la palabra "lenguas", táchela y ponga la palabra "idiomas", y estará bien encaminado.

En el día de Pentecostés estaban todos unánimes en un lugar y todos fueron llenos del Espíritu Santo, y todos comenzaron a hablar en otros idiomas a medida que el Espíritu Santo armaba las palabras.

El diablo odia esto porque sabe que libera a las personas en la oración, y lo odia porque sabe que cada palabra de esa oración será la correcta. Por eso que hará todo lo que pueda para desviar a la gente de esto y hacer que otras personas se vuelvan fanáticas para que otros se desanimen, para alejarlo y decir que no lo necesita, de todos modos es solo para algunos, así que no se preocupe por eso, y no lo desee. Estoy firmemente con el apóstol Pablo: *quisiera que todos ustedes hablaran en lenguas*, especialmente aquellos de ustedes que tienen mayores poderes mentales que otros. Ojalá pudiera entender la sencillez de darle su boca y dejarle orar a través de usted y ser liberado.

Es una oración en la que el Señor le suministra cada palabra.

Oración en el Espíritu

Cuando sus hijos eran pequeños y era el cumpleaños de usted, ¿les dio algo de dinero para que fueran a buscarte un regalo? La mayoría de los padres lo hacen. Dios dijo: "Aquí hay una oración para orar a mí". Solo aquellos que están preparados para convertirse en niños pequeños e incluso aprender lo que puede parecer una "lengua infantil" recibirán ese don, pero es un don hermoso. Si alguien desacredita ese don, les recuerdo que fue el primero que el Señor le dio a su iglesia. Si dice que es el más bajo, entonces yo digo que es el mejor para empezar. Fue un don encantador. Se habían estado reuniendo diariamente en una reunión de oración. Esa era una iglesia de oración, créanme: 120 personas se reunían todos los días para orar. Se habían reunido todos los días durante diez días en oración, y tenían oración mental, pero el día de Pentecostés cambiaron de la oración mental a un tipo de oración completamente diferente, en la que Dios tenía sus bocas, pero no sus mentes, y él derramó su Espíritu, y fueron libres y lo alabaron.

Este es un don principalmente para la oración personal. Me encantaría que todos hablaran en lenguas, pero también estoy firmemente de acuerdo con el apóstol Pablo: por convicción, prefiero hablar en la iglesia cinco palabras que la congregación entienda que diez mil en otro idioma, y ahí es donde me mantengo firme en las Escrituras. Ahí es donde creo que el uso principal del don es ayudarme a liberarme cuando estoy estancado.

Hay abusos y puede haber falsificaciones. Me encontré con uno en Nueva Zelanda donde alguien en público mostró un don que creía tener y resultó ser de Satanás. Estaba en lengua maorí, lo cual descubrimos porque había maoríes presentes que lo reconocieron como blasfemo y obsceno. Hay falsificaciones, pero el diablo solo falsifica cuando hay algo real. No se molesta en falsificar lo que nadie tiene. Existen estrictas limitaciones bíblicas sobre este don en público, porque si oro en otro idioma durante la predicación, no ayudará a nadie más que a mí. Me edificará, me liberará, pero no ayudará a los demás en lo más mínimo, a menos que alguien lo traduzca, y esa es una forma tan indirecta de orar que es mejor limitarla a dos (o tres como máximo) en una reunión. Pero quiero ayudarlo en su oración secreta así como en su oración pública, y este es un don supremo.

He leído muchos libros sobre la vida de San Pablo. Incluso he leído libros que contenían un capítulo sobre su vida de oración, y él tenía una vida de oración tremenda. Los escritores han recopilado de sus epístolas los pensamientos que tenía sobre la oración y las cosas que oraba: para que sus lectores pudieran ser llenos de la plenitud de Dios; para que puedan demostrar la longitud, la anchura y la altura del amor. Sin embargo, he descubierto que esta forma particular de oración en la experiencia de Pablo es desatendida. Lo sorprendente es que dice en una de sus cartas a la iglesia de Corinto —que era pentecostal, con todos los ribetes y abusos— *doy gracias a Dios porque hablo en lenguas más que todos ustedes.* Y ahí llegamos al secreto del poder de Pablo. ¿Cómo pudo haber seguido adelante, un hombre que fue apedreado, naufragó, fue golpeado, recibió treinta y nueve azotes en más de una ocasión? ¿Cómo se las arregló? ¿Cómo se mantuvo? Pablo dice que agradece a Dios que tiene esta forma de orar y que la usa más que todos los corintios juntos. Aquí hemos tocado uno de los secretos más profundos de su vida. Cuando Pablo estaba golpeado y cansado, sabía que podía orar sin esfuerzo mental y que Dios podía simplemente hacerse cargo. Pregúntese: ¿me gustaría recibir un don así? Alabo a Dios si ha encontrado la liberación de esta manera.

Ha habido algunos ejemplos sorprendentes de incidentes en los que lenguas desconocidas para la persona, habladas por ella, han sido reconocidas por hablantes nativos extranjeros.

He aquí una historia real que he contado en las clases de formación para miembros. Hace muchos años yo era pastor en una iglesia donde había un diácono que tenía una gran mente y había construido un gran negocio, pero yo no le agradaba y no nos llevábamos bien. Cada mes de mayo o junio enfermaba. Tenía fiebre del heno junto con un pecho asmático, y en esa época del año estaría boca arriba durante seis semanas. Un año, estando él sufriendo de esta manera, me pidió que fuera a visitarlo. Fui un domingo por la tarde y durante todo el camino estuve pensando en las palabras del capítulo cinco de Santiago: *¿Está enfermo alguno de ustedes? Haga llamar a los líderes de la iglesia para que oren por él y lo unjan con aceite en el nombre del Señor.*

No lo había hecho antes y pensé: bueno, ¿podría hacerlo por él? Cuando llegué a su casa y hablé con él, me miró directamente a los ojos y me dijo: "¿Qué piensas de Santiago 5?".

Le dije: "He estado pensando en ello. ¿Qué piensas tú al respecto?".

Él dijo: "¿Lo harías? Debo estar en Suiza el jueves, es urgente por mi negocio. Tengo mi billete de avión. Los médicos me pusieron en cama, boca arriba, durante dos semanas. Tengo que ir. ¿Considerarías hacerlo?".

Dije: "Lo consideraré. Lo pensaré".

"Considéralo".

Su esposa llamó el miércoles por la mañana y dijo: "Quiere que vengas y lo hagas".

Entonces dije: "Bueno, creo que debería hacerlo".

Entonces llamé a algunos de los otros diáconos y les pregunté: "¿Les importaría ayunar y orar hoy y venir conmigo esta noche?".

Compré una botellita de aceite de oliva y me sentí un poco tonto al hacerlo. Luego entré solo a la iglesia, subí al púlpito donde solía pararme y me arrodillé para orar. No podía orar por ese hombre. No quería ayudarlo. Es que mi oración mental y mis pensamientos sobre él estaban equivocados. Entonces, no sé cómo sucedió, aunque no tenía emociones, sentimientos o histeria alguna, de repente comencé a orar por el diácono como nunca había orado por nadie más en mi vida. Oré y oré, y todo fue absolutamente real. Sabía que estaba orando exactamente lo que Dios quería de mí. Pero descubrí que estaba orando en lo que supongo ahora, por lo que he oído desde entonces, que era chino, que ciertamente es un idioma que nunca he aprendido ni aprenderé jamás. Pero Dios conoce todos los idiomas del mundo y los idiomas de los ángeles también (hay lenguas de hombres y de ángeles), ¡y no sé cuántas lenguas son! Por supuesto, sin amor estos idiomas no sirven de nada y en el uso público necesitan ser traducidos.

Miré mi reloj y pensé que debía estar adelantado una hora, pero había pasado una hora sin que me diera cuenta. Todavía no tenía ningún "sentimiento", pero estaba orando. Entonces pensé: "Bueno, tengo otra media hora. Voy a seguir orando". Efectivamente, el lenguaje volvió a fluir y pude orar por el hombre. Fue un maravilloso descanso porque mi mente estaba en paz y en reposo.

Así que fuimos a verlo esa noche y le impusimos manos y le echamos aceite en la cabeza. Él yacía gris y enfermo, confesamos nuestros pecados y fue bastante bueno sacarlos a la luz. ¿Sabe qué pasó cuando terminamos? Absolutamente nada. Se quedó allí tumbado y ni siquiera podía sentarse. Esta fue mi primera gran prueba. Me levanté y recuerdo mirarlo y decirle: "Bueno, Jimmy, hemos hecho todo lo que pudimos. Hemos hecho todo lo que dice la Biblia. ¿Aún tienes tu billete de avión para mañana?".

"Sí", respondió.

"Bien", dije, "te llevaré al aeropuerto". Me fui a casa y no pude pegar ojo. Por la mañana no tuve el valor de llamarlo. Intenté seguir preparando un sermón y descubrí que no podía concentrarme.

Sonó el teléfono y una voz dijo: "¿Me llevarás al aeropuerto?".

Le dije: "¿Estás bien, Jimmy?".

"Estoy perfecto".

"¿Has ido al médico?", le pregunté.

"Sí, el médico dijo que puedo ir", respondió. "Incluso fui y me corté el pelo, y el barbero dijo: 'Disculpe, señor, pero creo que debo decirle que su cabello se está poniendo bastante grasoso, ¿le gustaría también un champú?'". Así que pudo contarle la historia de lo sucedido.

Ahora puedo contarle dos cosas muy sencillas y bonitas. Primero, nunca más tuvo problemas con la fiebre del heno y el asma. Segundo, y para mí mucho más maravilloso, ahora somos amigos muy cercanos, y cuando el Señor me dijo que tenía que venir a Guildford, y sentía que me estaba desgarrando y siendo arrancado de las raíces, el primer hombre con quien lo compartí fue ese diácono.

Así descubrí que hay una especie de oración en el Espíritu con la que Dios quiere ayudarnos. Si alguien dice: "¿Debo orar de esta manera?", se ha equivocado en la pregunta. Debería ser "¿Puedo?" en lugar de "¿Debo?". El Espíritu Santo no lo obliga a hacer esto si no quieres. Me encanta cuando alguien dice: "¿Puedo?". Lamentablemente, algunas personas huirían miles de millas de algo que desconocen, les parece peculiar o simplemente no comprenden, pero los dones enviados del cielo son buenos y perfectos, y esto es algo enviado del cielo. Así que no deje que el diablo le diga que es otra cosa. Es un trabajo satánico tratar de impedir que ore como Dios quiere que ore, y el enemigo le contará todo tipo de historias extrañas para desviarlo de esta forma de orar.

Está la pregunta práctica: ¿cómo? Puedo decírselo en dos palabras, y ahora me refiero a ambas formas de orar en el Espíritu: la forma que involucra su mente y la forma que no la involucra. Si quiere mi autoridad bíblica para esta distinción, está en 1 Corintios 14. Pablo dice, *oro con mi mente y oro con mi espíritu, canto con mi mente y canto con el Espíritu*. Estos son dos tipos diferentes de oración, y Pablo nos dice que hace ambas. Cuidado con aquellos que solo oran en lenguas y nunca oran con la mente; cuidado con aquellos que solo oran con la mente y nunca oran con el espíritu.

Entonces ¿cómo? Estas son las dos palabras: "pedir" y "recibir". Todo el que recibe ayuda en la oración ha pedido primero. Aquí hay un texto de Lucas capítulo 11, que no se puede aplicar a los incrédulos porque los incrédulos ni siquiera pueden conocer al Espíritu Santo. Por lo tanto, solo puede aplicarse a los creyentes y les dice que pidan el Espíritu Santo. Llegan los teólogos y dicen: pero tú eres cristiano, ya tienes el Espíritu Santo. Sí, tienes al Espíritu Santo como persona, pero siempre puedes pedirle más. Este versículo dice: *"Pues si ustedes, aun siendo malos, saben dar cosas buenas a sus hijos, ¡cuánto más el Padre celestial dará el Espíritu Santo a quienes se lo siguen pidiendo!"*.

¿Quiere esto? Entonces pida hasta que lo consiga, como ese amigo a medianoche sigue golpeando la puerta hasta que lo consigue. A Dios le encanta responder a la importunidad audaz.

Pero hay otro lado, y aquí es donde surge el problema con tanta frecuencia. En cierto sentido, hay una rendición involucrada, un acto de rendición, de soltar y dejar a Dios. Si hay una cosa que la mayoría de nosotros odiamos hacer es dejar de lado nuestro autocontrol, porque tememos que si lo hacemos podemos terminar en el caos o incluso en la locura. Les digo que el fruto del Espíritu es dominio propio, y si obtienen el dominio propio de él, créame, es mucho mejor que el de usted, y un don genuino del Espíritu no implica pérdida alguna de dominio propio. Si es así, no es del Espíritu. El espíritu del profeta está sujeto al profeta, enseña Pablo. Por lo tanto, el Espíritu Santo bondadosamente pone este don bajo su control. Por lo tanto, nadie debe tener miedo de ser presionado más allá de su control. Usted decide si lo deja tomar el control o no, y si no le gusta que él tome el control, puede detenerlo, pero no querrá hacerlo.

Pasemos ahora a pensar en cómo recibimos. Si yo tuviera una barra de chocolate y se la extendiera, sabría cómo recibirla, ¿no? Yo diría: aquí está, pídalo y recíbalo. Sabría que tendría que venir y tomarlo. Una vez estaba hablando con niños en una iglesia y estaba tratando de describir la gracia. Tenía una barra de chocolate y dije: "Aquí está, para el primer niño que venga a buscarla". Nadie se movió. Todos miraron, hasta que un niño muy descarado salió corriendo, lo agarró y luego volvió corriendo. Ahora realmente recibió lo que se le ofrecía. El mayor problema de muchas personas es que piden y nunca reciben.

Recibir implica captar activamente algo. Se trata de superar el obstáculo psicológico, por ejemplo, de escuchar su propia voz emitir sonidos que no entiende. Ése es un verdadero obstáculo. Simplemente tiene que hacerlo hasta que lo supere. Algunas personas gloriosamente no tienen esa barrera, y simplemente abren la boca y comienzan, pero otras tienen que seguir hablando hasta que el Señor los haya hecho superar ese obstáculo. Luego les da un idioma y les da fluidez. Al principio pueden sentir que es un lenguaje infantil, porque nunca han escuchado tales cosas de su propia boca, pero a medida que avanzan se dan cuenta de que es un lenguaje con gramática, con sintaxis, y es un lenguaje del cielo que Dios les está dando para dirigirse a él.

Es más bien como Pedro en la barca, cuando le dijo a Jesús: "¿Podría caminar sobre las aguas?". Y Jesús no dijo: "Saca tu Biblia, reclama las promesas, ponte de rodillas en la barca; ora, ora, ora, ora". No, Jesús dijo: "¡Vamos, hazlo!". Él siempre estaba haciendo eso. A un hombre que yacía en una camilla le dijo: "Levántate y lleva esa cosa". No dijo: "Saca tu Biblia, lee esta promesa, ora, ora, ora". Dijo: "Hazlo". Así vienen los dones espirituales, y no sabemos si tenemos el don de sanidad hasta que vamos y ponemos las manos sobre alguien.

Cuando su espíritu recibe una fuerte impresión de que puede hacer algo, ¿por qué no simplemente salir del barco y hacerlo? Así es como vienen esos dones, así es como uno recibe. La Biblia no dice que un don del Espíritu sea como tocar brillantemente el piano, pero supongamos que así fuera. ¿Cómo sabría si lo ha recibido? Solo hay una manera que conozco, y sería que vaya al piano, se siente y ponga los dedos sobre las teclas, y empiece. Pronto sabrá si había recibido ese don o no.

¿Puedo hablarle de Muriel Shepherd, quien fue directora del Coro Emmanuel de Londres después de que lo dirigiera su difunto esposo? Una noche, tanto Edwin, su esposo, como Muriel pidieron al Señor que los empapara y los llenara con su Espíritu. Hasta ese momento, Muriel no podía tocar una sola nota en el piano sin partitura. Algunos músicos pueden tocar con o sin él, pero la mayoría son "oídos" u "ojos", y ella era "ojo". Ocurrieron desastres cuando extravió una pieza musical o la dejó en casa y llegó a un concierto; alguien más tuvo que intervenir. Después de ser empapada en el Espíritu, dijo: "Señor, ¿podrías darme el don de tocar el piano de oído?". Y en medio de la noche el Señor dijo: "Te he dado el don". Y en ese momento ella bajó las escaleras y se sentó al piano. ¡No puso música delante de ella y tocó! Ha tocado sin música desde ese momento. Ahora, ¿cómo supo que tenía el don? ¿De alguna promesa de la Biblia? ¿De algún mensaje del cielo? No. Lo supo cuando bajó al salón y puso los dedos sobre las teclas. Así descubrimos todos los demás dones y así oramos en el Espíritu. Pida: "Señor, soy débil, necesito tu ayuda. Necesito tu Espíritu Santo, no puedo orar como debo". Luego recíbalo y diga: "Señor, creo que mientras oro [si esta es una oración mental] pondrás los pensamientos correctos en mi mente que te glorificarán". Jesús será glorificado y el Espíritu se inspirará en la verdad de las Escrituras. Pero se lo ruego, no se quede ahí. Existe otro tipo de oración en la que puede pedir: "Señor, esta noche estoy cansado, mi mente no puede ordenar las cosas. Señor, aquí está mi boca y voy a empezar a hablar, y tú da la expresión y seguirá siendo oración". O, "Señor, Espíritu Santo, ayúdame a llorar o suspirar, o gemir, pero Santo Espíritu, ayúdame a orar".

Capítulo 4

ORACIÓN CONTRA EL DIABLO

Esto fue escrito por Pablo, quien fue encarcelado por su fe:

Por último, fortalézcanse con el gran poder del Señor. Pónganse toda la armadura de Dios para que puedan hacer frente a las artimañas del diablo. Porque nuestra lucha no es contra seres humanos, sino contra poderes, contra autoridades, contra potestades que dominan este mundo de tinieblas, contra fuerzas espirituales malignas en las regiones celestiales. Por lo tanto, pónganse toda la armadura de Dios, para que cuando llegue el día malo puedan resistir hasta el fin con firmeza. Manténganse firmes, ceñidos con el cinturón de la verdad, protegidos por la coraza de justicia y calzados con la disposición de proclamar el evangelio de la paz. Además de todo esto, tomen el escudo de la fe, con el cual pueden apagar todas las flechas encendidas del maligno. Tomen el casco de la salvación y la espada del Espíritu, que es la palabra de Dios. Oren en el Espíritu en todo momento, con peticiones y ruegos. Manténganse alertas y perseveren en oración por todos los creyentes. Oren también por mí para que, cuando hable, Dios me dé las palabras para dar a conocer con valor el misterio del evangelio, por el cual soy embajador en cadenas. Oren para que lo proclame valerosamente, como debo hacerlo.
(Efesios 6:10–20).

Creo que uno de los descubrimientos más extraordinarios y aun alarmantes que hace un cristiano es que a veces es más difícil orar desde que se convierte en cristiano que cuando es incrédulo. Es posible que haya tenido esta experiencia. Estaba hablando con una señora que no se acerca a una iglesia y no lee la Biblia, pero dice sus oraciones fielmente todas las noches. Ella estaría entre los que dicen: "Soy tan buena cristiana como los que van a la iglesia". Pero lo que me intrigaba era que ella nunca tenía problemas para orar. Nunca tenía barreras que superar; simplemente hacía sus oraciones diariamente. Y pensé: si se hiciera cristiana tendría problemas con su oración. Me pregunto por qué debería ser así. Recuerde lo que hemos estado pensando hasta ahora: tenemos un Padre celestial a quien orar; podemos tener fe en ese Padre; tenemos el nombre de Jesús, el ejemplo de Jesús, las enseñanzas de Jesús, la sangre de Jesús —tanto como para ayudarnos— y la oración debería ser mucho más para el cristiano que para cualquier otra persona, pero puede ser una batalla más grande que nunca. Como señalamos anteriormente, la oración cristiana nunca es privada. Implica al Padre que nos ayuda, al Hijo que lleva la oración para interceder por nosotros, y el Espíritu, que sabe que no sabemos cómo orar ni qué decir, y que puede ayudarnos con nuestros pensamientos y nuestras ideas y palabras. Pero es una batalla, porque tan pronto como oramos estamos involucrados con el diablo, y Satanás nos odia por eso. No le importan las oraciones, pero odia la oración cristiana, porque eso es lo que le va a hacer daño. Él está en contra esa oración. No tiene miedo en lo más mínimo de la oración de un incrédulo.

Había un propietario estadounidense que tenía un esclavo que era creyente y seguía hablando con su amo tanto sobre el Señor como sobre el diablo. Y el amo dijo: "Oh, el diablo nunca me molesta". Entonces, un día, el amo salió a cazar patos. Le disparó a un par de patos que volaban y ambos cayeron, pero uno claramente recibió la mayor parte del disparo y aterrizó en el suelo, muerto. El otro todavía tenía vida y agitaba sus alas e intentaba despegar e irse. El esclavo corrió tras el muerto para recogerlo, y el amo le gritó: "No vayas tras el muerto, ve tras el que tiene algo de vida, que está tratando de volar".

El esclavo se dio vuelta y dijo: "Ahora acabo de entender por qué el diablo nunca lo molesta, amo. Lo vi. Es que el diablo solo teme a los cristianos que intentan volar en oración, que tienen algo de vida en ellos. No le preocupa la religión, no le preocupan las oraciones, pero los cristianos que están tratando de orar en el nombre de Jesús, eso lo preocupa mucho. Y por eso ataca en ese punto".

¡Tengo la teoría de que el diablo es bastante bajo! ¿Por qué? ¡Porque podemos darle un puñetazo en la mandíbula mejor cuando estamos de rodillas! En serio, aunque puede haber un poco de humor en este libro, no subestime al diablo y no lo trate como una broma. Pero, como dice el refrán, "Satanás tiembla cuando ve de rodillas al santo más débil".

Una vez entré en una pequeña iglesia antigua en el condado de Buckinghamshire que estaban redecorando. Habían quitado las viejas capas de cal y habían descubierto un fresco, un cuadro, detrás. Me intrigó porque era una pintura de esa iglesia llena de gente vestida con trajes medievales en los bancos. Noté que, sentado junto a cada miembro en este fresco, al lado de cada cristiano adorando, había un pequeño demonio que mantenía la boca cerrada del miembro. Era un pequeño dibujo extraño, pero me habló. ¡Los demonios mantenían cerradas las bocas de los miembros para que permanecieran entre los santos silenciosos que sufren de "trismo"! Quizás conozca el problema. Se encuentra en muchas iglesias. Ese fresco permaneció conmigo durante mucho tiempo. Creo que cuando uno llega a conocer al Señor, al mismo tiempo llega a conocer al diablo. Si alguien me dice: "Bueno, no tengo ninguna experiencia del diablo. Nunca me he encontrado con el diablo", sinceramente me pregunto hasta dónde ha llegado con el Señor. Porque el diablo no está en el infierno, sino en el cielo. El libro de Job lo deja bastante claro. Él patrulla la tierra, pero su hogar es el cielo. Así que luchamos contra los poderes del mal no en los lugares infernales sino en los lugares celestiales; ahí es donde están. Por eso la oración se convierte en una verdadera dificultad.

Lo primero en cualquier batalla es definir a nuestro enemigo. Tiene que identificarlo antes de decidir cómo superarlo. Conozco a un hombre que en la Primera Guerra Mundial fue asesinado a tiros por balas británicas, y era un soldado británico. Un pelotón avanzó por un bosque, pero las líneas de comunicación se estropearon y la noticia de este avance no fue enviada al resto. Los soldados británicos vieron a estos soldados moviéndose por el bosque y abrieron fuego y lo mataron. Tiene que estar seguro de haber identificado al enemigo adecuado. Nunca ore contra personas, porque no está luchando contra sangre y carne, por lo que los seres humanos no son enemigos: estamos luchando contra seres sin cuerpo. Estamos luchando contra el diablo mismo en la oración, y es una verdadera batalla.

Ahora déjeme contarle un poco sobre el diablo, para que tenga una idea clara en su mente de contra qué está orando. Los cristianos están llamados no solo a orar por las personas sino también a orar contra ciertos poderes, el principal de los cuales es el mismo Satanás.

Una vez le preguntaron a un inspector de Scotland Yard si creía en un demonio personal. Contestó de inmediato: "Por supuesto que sí".

El interrogador dijo: "¿Por qué cree usted en el demonio personal?".

"Bueno", respondió, "soy cristiano, creo en la Biblia, y la Biblia dice que hay un demonio personal, así que eso me aclararía las cosas, pero he tenido muy buena evidencia de la existencia de un demonio personal".

"¿Cuál?", preguntó el interrogador.

El inspector detective continuó: "A veces en Londres hay un nuevo brote de delincuencia y encontramos a los hombrecitos, a los muchachos, incapaces de haber planeado el crimen que han cometido. Sabemos, cuando esto ocurre, que hay un nuevo rey del inframundo, un nuevo Sr. X. Así que abrimos un expediente sobre el Sr. X. No sabemos su nombre, no sabemos dónde está, no sabemos quién es. Pero a partir de los crímenes que induce a cometer a estos pequeños delincuentes, nos formamos una imagen de la clase de persona que debe ser, y gradualmente obtenemos una imagen completa de su carácter, la clase de hombre que buscamos, y sabemos que existe, aunque nunca lo hayamos visto. Al hablar con cristianos y descubrir cómo el diablo llega a ellos y qué los obliga a hacer, puedo abrir un expediente sobre él y puedo construir una imagen de su carácter, su estrategia, sus trucos y la forma en que piensa". Tenía muchas pruebas de la existencia del diablo.

Permítame entonces decirle algo de lo que la Biblia nos dice acerca de él. La Biblia no lo describe como una criatura con cuernos y cola bifurcada; ese es el tipo de cosas que nos hacen reír de él y tomarlo menos que en serio. ¿Ha visto *La vida de Jesús* de Pasolini? Increíblemente, fue realizada por un director de cine comunista italiano. La escena en la que nuestro Señor fue tentado por Satanás todavía está viva en mi mente. Nuestro Señor estaba en el desierto, vestido con la vestimenta tradicional oriental. Pensé: ahora, ¿cómo va a retratar Pasolini al diablo? ¿Caerá en la caricatura de siempre? Luego, la cámara miró a lo lejos y al otro lado del desierto había una figura diminuta que caminaba lenta y firmemente, directamente hacia Jesús. Al acercarse, podía verse un hombre de negocios muy inteligente, pulido, elegante y bien vestido. Fue un toque brillante. Aquí estaba un hombre que sentía que tenía poder al alcance de su mano, un hombre que sentía que tenía todas las riquezas del mundo, y que solo tenía que decir: "Haz eso" y alguien se apresuraría a hacerlo. Caminó y se acercó a Cristo, y un escalofrío recorrió mi espalda. Pensé: Pasolini lo entendió. No ha subestimado ni caricaturizado ni bromeado sobre Satanás. Es que la Biblia dice que es una persona real. La Biblia nunca dice que el diablo es "algo" sino "alguien".

Luego, la Biblia dice que él tiene un corazón, una mente y una voluntad, y si un corazón, una mente y una voluntad no forman una personalidad, ¿qué? Habla de los sentimientos, pensamientos y motivos del diablo. Eso, para mí, significa que es una persona. De modo que el diablo no es solo una especie de palabra vaga para resumir todas las fuerzas del mal en el mundo. No creo que Satanás sea simplemente un nombre para los instintos más bajos de la naturaleza humana. Satanás es una persona por derecho propio. Si no existieran los seres humanos, Satanás todavía existiría. Es una persona con corazón que siente, mente que piensa y voluntad que actúa. Dios lo considera moralmente responsable por lo que hace, y no se puede considerar moralmente responsable a algo que sea menos que una persona. Tiene varios nombres en las Escrituras: Lucifer, Belcebú, Belial, Satanás, Abadón. Son nombres horribles, como nos damos cuenta cuando conocemos su significado hebreo.

Más que eso, la Biblia le da descripciones. "Serpiente" es una. Ahora bien, a algunas personas les gustan las serpientes, aunque nunca he podido entender por qué. Pero él es una serpiente astuta. También se lo describe en términos de un león merodeador y un dragón. ¿Le gustaría que lo dejaran en una habitación con una serpiente, un león o un dragón? Tan pronto como ora en el nombre de Jesús, está en una habitación con esos tres, y no debe tomarlos a la ligera. Porque eso es exactamente lo que él es. También se describe su carácter: es un mentiroso, un asesino, un calumniador, un acusador, un adversario, un destructor. ¿Empieza a tener una sensación de quién es? ¿Por qué es así? ¿De dónde vino? ¿Dios lo creó? Sí, Dios lo creó, pero así como Dios creó al hombre bueno y luego el hombre decidió no serlo, Dios creó a Satanás bueno y él ha sabido qué es el "bien". Porque la Biblia habla muy claramente y dice que Satanás era y es un ángel, que es un orden de ser creado superior al hombre. Me pareció intrigante cuando Billy Graham escribió un libro sobre los ángeles. Veinte años antes la gente no habría comprado un libro sobre los ángeles, pero algo cambió. Ahora somos conscientes de que existe un mundo sobrenatural.

De modo que Satanás era un ángel, estaba en el cielo con Dios y solía ser bueno. ¿Por qué entonces decidió seguir el camino que tomó? Él decidió ir por ese camino por la misma razón por la que nosotros decidimos ir por ese camino: quería algo para sí mismo y no para Dios. Y quería poder decir: "Mío es el reino, el poder y la gloria, por los siglos de los siglos". Quería cambiar una palabra en el Padrenuestro: "mío" en lugar de "tuyo". Si rastreamos la rebelión humana contra Dios, podemos rastrearla hasta el mismo motivo: poder decir "mío" en lugar de "tuyo".

Por lo tanto, su motivo es principalmente el orgullo, que es pecado, que a su vez conduce al odio, y el odio nos lleva a ser destructivos y a querer derribar en lugar de edificar. Por lo tanto, Satanás tiene ahora un papel exclusivamente destructivo en la sociedad.

El mismo Jesús tomó a Satanás muy en serio. Nunca hizo una broma sobre él; nunca se rio de él; nunca lo caricaturizó. Considere algunos de los títulos que Jesús le dio a Satanás. Dijo que es el príncipe de este mundo. Cuando Satanás le ofreció a Jesús todos los reinos del mundo, Jesús no dijo que no eran suyos para darlos, porque sabía perfectamente bien que eran de Satanás para darlos. Es un pensamiento horrible, si realmente nos damos cuenta, que el mundo en el que vivimos esté gobernado por Satanás. Él es el príncipe de este mundo. Pero vayamos un paso más allá. ¿Conoce otro título que Jesús le dio a Satanás? No solo habló de él como gobernante o príncipe de este mundo, sino como el "dios" de este mundo. La única otra persona además de su Padre celestial a quien Jesús alguna vez aplicó esa palabra fue Satanás. Enseñó que su propio Padre celestial es Dios de todo, pero Satanás es dios de este mundo, lo que significa, muy simplemente, no solo que Satanás controla este mundo y es capaz de manipular la ciencia, la educación y la política para sus propios fines. Más que eso, Satanás es en realidad el verdadero dios que adora la mayoría de las personas en la tierra, lo sepan o no. Detrás de tanta religión, detrás de tanta actividad, Satanás es el que está siendo adorado, incluso por algunos que van a la iglesia y a la capilla los domingos. En realidad, él es su dios, pues adoran las cosas que él les ofrece. Quieren las cosas del mundo al que él pertenece y gobierna, en lugar de fijar su mente en las cosas de arriba, donde está Jesús. Y si usted quiere *este* mundo y si quiere las cosas de este mundo, entonces le doy un consejo: haga de Satanás su dios. Si quiere este mundo, entonces es un dios maravilloso, porque se lo dará, pero hay un solo inconveniente: siempre hay un precio que pagar y, cuando llega la factura, es posible que no esté tan feliz. Pero él se lo dará. Él puede darle dinero, fama, cualquier cosa que quiera, porque es suyo para darlo. *"¿Dónde has estado, Satanás?"*, dice Dios en el libro de Job. *"He estado patrullando la tierra"*. Había estado recorriendo su propiedad.

Ahora seamos claros, eso no significa que Dios esté indefenso en este mundo. Significa —y debemos pensar en esto— que Dios está permitiendo que Satanás sea príncipe de este mundo y dios de este mundo. Él lo ha permitido. La gente pregunta: ¿qué cree Dios que está haciendo al permitir eso? Mi respuesta es: ¿qué está haciendo él, permitiéndole a *usted* ser como es? ¿Por qué debería culparlo por permitir que Satanás se rebelara, cuando él se lo permitió a usted? La respuesta es muy sencilla: Dios es Padre y no obliga a ninguna de sus criaturas a seguir su camino. Él le da libertad para rebelarse. No podemos quejarnos de que haya dado libertad a los ángeles, aunque tienen inteligencia y fuerza superiores, porque a nosotros nos dio la misma libertad y la hemos usado de manera incorrecta. Esa es la clase de persona que es.

Satanás tiene un poder e interés especial en la Tierra, fuera de todo el espacio. La Biblia no da ninguna indicación de que Lucifer, la estrella de la mañana que cayó de su lugar en el cielo, tenga control sobre algo más que la Tierra y su atmósfera. A veces se lo llama el príncipe del poder del aire. Así que, cada vez que oro, entre los cielos y yo está el aire, y estoy orando a través del territorio de un príncipe de las tinieblas cuya intención declarada es establecer en la Tierra un reino de enfermedad, un reino de muerte, un reino de oscuridad en la que él tiene la última palabra.

Entre los cristianos encuentro dos extremos. Hay quienes bromean sobre Satanás, lo cual es un gran error. Lea *Cartas del diablo a su sobrino*, pero no como una comedia sino como una tragedia, porque es un libro trágico. Es un libro maravilloso si quiere entender a Satanás, pero no se ría de él. Ríase de usted, pero no de Satanás. Algunos otros cristianos tienen otra actitud extraña hacia él: lo culpan de todo lo que sale mal y lo convierten en un chivo expiatorio. Pero no creo que él sea responsable de todo lo que va mal en mi vida. Pienso vívidamente en un hombre que me dijo que se olvidó de poner su despertador. Se levantó tarde, se apresuró a desayunar, tuvo una indigestión, corrió hacia la estación, llegó a la estación justo cuando el tren partía, llegó a su oficina y lo retaron por llegar tarde, y se desquitó alguien más abajo en la línea. Regresó a casa y en el encuentro de comunión de esa noche dijo: "El diablo me ha estado atacando mucho hoy". No creo que el diablo haya estado involucrado en ninguna etapa de ese proceso. ¡Se olvidó de poner su despertador! Hay tres fuentes de tentación: el mundo, la carne y el diablo, y no se puede culpar de todo al diablo. Necesitamos pensar con claridad aquí. Pero les digo que, si algunas personas lo toman demasiado a la ligera y otras lo culpan con demasiada facilidad, el verdadero cristiano ciertamente toma al diablo muy en serio. Solo espero que nunca tenga un encuentro directo con él, porque da bastante miedo; y solo puede superarlo porque sabe que él ya es un enemigo derrotado.

¿Sabía que hay dos libros en la Biblia que el diablo odia más que cualquier otro, de un total de sesenta y seis? Hay dos que dicen más de él que otros y son los que ha atacado más que al resto. Son el del principio y el del final: Génesis y Apocalipsis. ¿Y sabe por qué los odia? Porque Génesis describe sus estrategias y Apocalipsis describe su destino. Ha habido más ataques eruditos contra el libro del Génesis que cualquier otro libro, y más intentos de convertirlo en mito y leyenda y alejarlo de la realidad que cualquier otro libro de la Biblia. ¿Por qué? Porque Satanás no quiere que crea que el capítulo 3 de Génesis alguna vez sucedió. No quiere que sepa cómo se apoderó de Eva, no quiere que crea lo que hizo a aquel primer matrimonio. Satanás ataca el libro del Génesis.

Pero el otro libro que odia más que cualquier otro es Apocalipsis, porque cuando leemos ese libro llega a un punto en el que cuenta cómo el diablo mismo será arrojado a ese lago de fuego. Primero será encarcelado y no se le permitirá molestar a los hombres, y luego, finalmente, será arrojado al lago de fuego. Él odia mucho esa parte, y ahora le voy a decir algo que puede asustarlo un poco. Cuando predico el libro de Apocalipsis hay más disturbios y cosas van mal en la congregación que en cualquier otra serie que haya tomado. En una ocasión llegué a ese capítulo, prediqué y se grabó mi charla. Poco tiempo después, a unas cuarenta millas de mi iglesia, en la costa sur de Inglaterra, una de esas series de cintas llegó a una familia de nuevos cristianos. La esposa había sido cristiana durante unos seis meses, el esposo y su adolescente acababan de venir al Señor y se estaban edificando escuchando estas cintas. Escucharon Apocalipsis y llegaron a la cinta que describía la caída de Satanás. Estaban sentados en una sala común escuchando, y cuando comencé a mencionar a Satanás, en la cinta, encima de mi voz y tapándola, había alguien gritando en una lengua extranjera. Podían escuchar mi voz de fondo, pero no pudieron entender ni una palabra de lo que dije. Sintieron miedo y mandaron llamar a un ministro que yo conozco que fue a verlos. Dijeron: "Esto es lo que pasó: durante unos siete minutos no pudimos oír una palabra de lo que decía el señor Pawson".

Entonces él dijo: "Bueno, pásenlo otra vez". Lo pusieron por segunda vez, y esta vez no hubo ni un solo sonido durante siete minutos. Ahora podrá entender un poco mejor de quién estoy hablando. Es tan serio como eso. Odia que la gente hable de él con la verdad y advierta a la gente sobre sus intenciones. Así que tómelo en serio.

Pero debo decirle que la Biblia deja absolutamente claro que Satanás ya es un enemigo derrotado, y si se apodera de usted, lo está embaucando. Desafíelo. Si ha sido bautizado, diga: "Satanás, no solo estoy muerto, sino que estoy sepultado. Estás hablando con un hombre muerto". ¿No sabe que en el bautismo es sepultado con Cristo? Ése es el objetivo del bautismo: celebrar un funeral de alguien que ha muerto, y el funeral lo ayuda a decir adiós a una antigua vida. Dice: eso se acabó; esa es la última vez que veo esa vida. Por esa razón, a Satanás no le gusta que la gente se bautice. No le gusta que celebremos un funeral público de alguien que ha muerto. Porque cuando nos consideramos muertos y lo desafiamos y decimos: "Estoy muerto y sepultado, y Satanás viste mi funeral, estuviste presente allí y sabes que estoy muerto y sepultado, deja de tentarme", encontrará, para su extraordinario deleite, que tiene que irse. *Resistan al diablo y él huirá de ustedes,* y lo resistimos sobre la base de los hechos y de la palabra de Dios.

Pensemos ahora en la relación del diablo con la oración. Desde que Jesús vino, murió, resucitó y regresó a la gloria, la obra de Satanás en la tierra es destruir todo lo que Jesús construye, si es posible. Por eso advierto a todos los que bautizo: esperen que el diablo intente robarles esa bendición de alguna manera sutil pronto. Eso es lo que intentó hacer con Jesús. ¿Cuál fue la bendición que tuvo Jesús en su bautismo? La bendición que Jesús tuvo fue una seguridad de su filiación. "Tú eres mi Hijo amado". Entonces, ¿qué le dijo el diablo al cabo de seis semanas? El diablo dijo: "Si eres el Hijo de Dios. . ." y trató de sembrar la semilla de la duda sobre la seguridad misma que tenía. Entonces está tratando de destruir todo lo que Jesús está construyendo.

Ahora debemos considerar dos cuestiones. La primera es bastante negativa: lo que el diablo puede hacernos en la oración; el segundo es más positivo: lo que podemos hacerle nosotros en la oración.

Comencemos con lo que él puede hacernos en la oración. Si

él es el príncipe del poder del aire, dondequiera que esté en la atmósfera de la tierra, cuando oro, entonces su territorio está entre yo y el cielo, como ya he dicho, y tengo que atravesar territorio enemigo para comunicarme. Ese es mi problema.

Entonces las dos cosas que el diablo intentará hacer son: impedirme orar y, si logro empezar, arruinar la oración. Pero no ignoramos sus trucos; gracias a Dios, la Biblia lo deja claro. ¿Cómo detiene mi oración? Bueno, dependiendo de mi temperamento, ataca una de las tres partes de mi personalidad. Tengo corazón, mente y voluntad, y dependiendo de mi temperamento, él ataca uno de estos tres puntos. Él ataca mi voluntad, mi voluntad de orar. Él puede hacerlo a través de mi pereza. ¿Quién dijo que la oración era el poder de la mente sobre el colchón? ¿Ha oído esa definición? Si no usa la pereza, entonces puede usar el estar ocupado y hacer que nuestra voluntad se involucre en otras cosas. Suponiendo que usted no sea del tipo cuya voluntad puede ser atacada, entonces él puede atacar su mente y llenarla con preguntas sobre si la oración realmente funciona, con argumentos filosóficos. Una doctrina que al diablo le encanta usar como argumento contra la oración es la doctrina de la predestinación. Dice que de todos modos ya está todo arreglado; Dios ha tomado sus decisiones y la oración no puede hacer nada al respecto excepto alinearse con lo que Dios ya ha decidido. No lo crea; la oración puede incluso cambiar la opinión de Dios. Entonces el diablo llena su mente de dudas sobre la eficacia de la oración.

Si usted es el tipo de persona más emocional, entonces él puede causar estragos en sus sentimientos en relación con la oración. Él puede decir: "No sientes nada, ¿verdad? Así que no pasa nada". O puede tomar los afectos de su corazón y plantarlos en otra persona, y dirigirlos de tal manera a otra persona, que no le quede ningún afecto por Dios en oración. Puede tomar a un joven y concentrar todo su afecto en una joven de tal manera que al joven ya no le quede afecto por el Señor, y su corazón sea despojado de Dios. No sé de qué manera lo atacará más a usted, pero lo atacará con tu voluntad y la debilitará, o con su mente y la confundirá, o con su corazón y lo dejará vacío y sin sentimientos por el Señor. Cualquiera que sea la forma en que lo haga, ha logrado que deje de orar. Por eso, creo sinceramente que la oración más valiosa es cuando no tenemos ganas, o cuando está teniendo una batalla para hacerlo, o cuando su mente está tan confusa como la de Job, pero va a seguir hablando con Dios.

Ahora bien, ¿cómo intenta Satanás estropear tu oración una vez que ha comenzado? Creo que puedo resumirlo así: intenta desequilibrarlo en su oración. Con algunas personas, significa que él trata de hacerlo orar sin cesar y pensar que de alguna manera la duración de su oración va a cambiar el cielo. Con otras personas, trata de conseguir que alabe constantemente y no pida. Con otras, todo en pedir y no agradecer. Con otras, todo es agradecimiento y no confesión. Intentará desequilibrarlo.

Tuve una discusión con alguien que dijo que pensaba que no había lugar para oraciones fijas, ni lugar para oraciones sacadas de un libro, ni lugar para usar una forma de palabras. Todo tenía que ser espontáneo. "De hecho", dijo, "si todo es en lenguas, es aún mejor". Ahora bien, esa es una manera desequilibrada, y el diablo quiere desequilibrar su oración. No le gustan personas como Pablo, que dicen: oraré con la mente y oraré con el Espíritu; Voy a hacer ambas cosas. En el Nuevo Testamento se encuentra que no solo tenían oración improvisada y espontánea, sino que dice que *continuaron firmemente en la doctrina de los apóstoles, la fracción del pan, la comunión y LAS oraciones,* que eran las oraciones litúrgicas.

No hay nada de malo en las oraciones de un libro si están inspiradas por el Espíritu Santo. Al diablo le gusta desequilibrarnos, para que estemos limitados a un solo tipo de oración. "A menos que sea una oración improvisada, no es una oración real". ¿Ha oído eso? "La oración basada en un libro no es una verdadera oración". A veces, cuando no está pasando un buen rato con su propia vida de oración, una cosa muy buena que puede hacer es conseguir un libro de oración y usar la oración de otra persona como oración por un tiempo y refrescarse con su comunión. Deje que el Espíritu le enseñe desde la forma en que ora. ¿Por qué no? No le importa cantar un himno de un libro, ¿verdad? Estudie las tentaciones de nuestro Señor y encontrará cómo se enfrentó al diablo en oración, cómo pudo evitar que el diablo abriera una brecha entre él y su Padre celestial, una y otra vez. Usó la Biblia en particular: tres veces le arrojó el libro al diablo.

Así que aquí están las dos cosas que el diablo intentará hacer: intentará impedir que usted ore a través de su corazón, mente y voluntad; intentará estropear su oración desequilibrándola y llevándolo a un solo tipo de oración, o a un solo aspecto de la oración, de modo que de hecho se volverá obsoleta porque no es lo suficientemente variada. Pronto será ritualismo o antirritualismo, y es difícil saber cuál es peor.

Vayamos al lado positivo: lo que nosotros podemos hacerle al diablo en oración. Esto es emocionante. Podemos derribarlo en oración. Se nos dice en el Nuevo Testamento que debemos tomar la iniciativa contra él. ¿Sabe que Jesús nos dijo que oráramos todos los días acerca del diablo? Esto lo encontramos en la oración que enseñó a sus discípulos cuando le dijeron: *"Señor, enséñanos a orar"*. Dijo que debían orar así: "Papá en el cielo", luego orar por las cosas que él quiere: que su nombre sea santificado, su reino venga, su voluntad sea haga en la tierra como en el cielo. Luego debían orar por las cosas que necesitaban ellos: comida; perdón. Luego les dijo que terminaran orando esto: *"Líbranos del maligno"*. Algunas traducciones al inglés/español no transmiten eso. En nuestro pensamiento hemos convertido el mal en una cosa, pero el mal no es una cosa sino una persona. No hay mal en ningún lugar del universo aparte de las personas. (Y no hay amor en el universo aparte de las personas que aman.) El mal es algo intensamente personal, por lo que Jesús dijo a sus discípulos que oraran diariamente: *"Líbranos del maligno"*.

Comience su oración pensando en su papá que está en el cielo, pero termine su oración pensando en el diablo en la tierra y salga a enfrentarlo. Podemos ser liberados, a través de la oración, del poder del maligno.

Hay tres cosas que el diablo puede hacer a las personas, según la Biblia, y la oración puede librarlas de las tres. En primer lugar, puede atar sus cuerpos con una enfermedad. Eso no significa que todas las enfermedades provengan de Satanás, ni que Dios elimine todas las enfermedades en respuesta a la oración. Incluso si la enfermedad proviene de Satanás, Dios no siempre la elimina. El caso clásico de esto es 2 Corintios 12, donde Pablo dice que tenía un "aguijón en la carne". Creo que, en su sentido más simple y directo, esto significaba una discapacidad física. Tres veces oró para que Dios quitara a este mensajero de Satanás de su cuerpo, y Dios dijo que no: mantendría a Pablo humilde para que la gente pudiera ver que la gracia es suficiente. Esa no es razón para dejar a todos en esa condición; solo a Pablo, en ese caso. Una mujer había acudido a Jesús con una queja particular. ¿Realmente la vieron sus discípulos? ¿Vieron lo que le pasaba, que estaba prisionera, que Satanás la había atado físicamente durante dieciocho años? Jesús vio esto y la liberó. Ese es el otro lado.

Satanás puede atar cuerpos. Una de las cosas que hizo a mi comunidad en algún momento fue enfermar a una persona tras otra para tratar de detener el trabajo. En el nombre de Jesús, declaré entonces y sigo declarando hoy que él no está ganando, está perdiendo, pero sigue luchando de esta manera.

Si la oración puede librarnos de Satanás, del maligno, entonces es correcto orar por los enfermos. Es correcto preguntar a Jesús si firmará una petición de salud para un hermano o hermana en el Señor.

La segunda cosa que Satanás puede hacer es cegar la mente de las personas. "El dios de este mundo ha cegado sus entendimientos para que no puedan ver", dice la Escritura. He conocido a algunas personas muy inteligentes en mi época (eruditos, profesores, personas con un coeficiente intelectual muy superior al mío) y lo increíble para mí es esto: parecen capaces de dominar todos los temas excepto la simple verdad sobre Dios. ¿Ha conocido gente así? Son inteligentes, pero le hablamos de Dios y no pueden verlo. "Señor, te doy gracias porque lo has escondido de hombres así y se lo has dado a los bebés y a los lactantes", porque si el cielo es para los coeficientes intelectuales altos, ¡la mayoría de nosotros estamos acabados! Podemos orar: "Líbranos del maligno", y luego podemos orar para que incluso los intelectos brillantes puedan perder su ceguera.

Así que Satanás ata los cuerpos de los hombres y la oración puede liberar físicamente a un hombre de Satanás. Él puede cegar una mente, y nosotros podemos liberar a un hombre de una mente ciega a través de la oración. ¿Qué más hace Satanás? También puede capturar los espíritus de los hombres y puede encerrarlos en una religión que los alejará de Dios. Esto puede parecer extraordinario, pero el mayor enemigo del cristianismo es la religión —incluida la religión de Inglaterra llamada "iglesianismo"— y otras religiones. ¿Cuál es el mayor problema que enfrentan los misioneros? Es la religión que la gente ya tiene. Satanás sabe que el hombre es un ser religioso. Sabe que el hombre ora, que hay un vacío en forma de Dios en el alma humana; y sabe que, si deja ese espacio en blanco, la gente tratará de encontrar a Dios, buscará a Dios. Afortunadamente, es posible que lo encuentren. Entonces, ¿qué hace Satanás? Él llena el vacío con religión. Han aparecido todo tipo de nuevas religiones y están apareciendo más en el horizonte.

Satanás quiere capturar a los hombres en sus cuerpos y atarlos a él en la enfermedad; quiere capturar sus mentes y cegarlos con confusión y duda; quiere capturar los espíritus de los hombres y unirlos a él en la religión. Si hay algo de lo que se regocija un cristiano es de haber sido salvado de la religión. ¿Usted se alegra de eso? Cuando la gente le habla de "religión", ¿se siente incómodo y no sabe muy bien qué decir? Podría decir: "Bueno, no soy religioso, ¡soy cristiano!".

Satanás está muy feliz si la gente tiene religión. Pero mediante la oración podemos atar al hombre fuerte y arruinar sus bienes. Así habló Jesús de Satanás. Él enseñó así: Cuando libero a esta persona de una enfermedad o posesión demoníaca o cualquier otra cosa, ¿qué estoy haciendo? Ato a un hombre fuerte y despojo sus bienes. Pero dijo que primero hay que atar al hombre fuerte. No se roba la casa de un hombre fuerte hasta que lo tengamos atado. Lo glorioso es que por la sangre de Jesús usted puede atar a Satanás, y entonces puede estropear sus bienes. *"No nos dejes caer en la tentación, sino líbranos del maligno".*

He dicho que la oración es una batalla. Es entrar en primera línea, pero Pablo diría que es subir al ring. Él diría que la oración es una lucha libre, no que estamos disparando a Satanás desde la distancia. Nos acercamos tanto a Satanás, a los poderes del mal, que hay momentos en los que uno se siente como una lucha cuerpo a cuerpo. Eso es muy cerca. Hay momentos en que el mal se siente tan real que podríamos tocarlo, casi podemos olerlo.

¿Cómo ganaremos esa batalla? Creo que la respuesta es que existe una vestimenta adecuada para los luchadores. ¿Qué debe vestir un cristiano cuando ora? ¿Alguna vez ha pensado en eso? ¡No recomiendo bata ni pantuflas! Recomiendo toda la armadura de Dios. Eso es lo que necesitará, y eso significa toda la armadura, no solo partes de ella. El problema es que, si deja de lado una pieza de armadura, ahí es donde atacará el enemigo. Eso es lo que sucede en la lucha libre, el boxeo y, de hecho, en cualquier forma de lucha cuerpo a cuerpo: su oponente está buscando el único punto débil, la única brecha en su defensa. Entonces Pablo, al escribir sobre la oración, dice que necesitamos toda la armadura de Dios, y necesitará cada pedacito de ella. Si omite una pieza, ahí perderá la batalla. Preste atención a eso. Necesita la verdad. ¡Átese fuertemente!

Mi padre, cuando era niño, trabajaba en una granja, como yo. Recuerdo que me habló de un irlandés grande y fornido que trabajaba en la granja, y cada vez que iba a levantar un saco pesado tenía un gran cinturón de cuero ancho y lo subía dos muescas antes de agacharse para el saco. Cuando se ponía el cinturón, estaba listo, estaba ceñido; luego se agachaba y subía el saco. Pablo dice: "Cuando vayas a orar, abróchate el cinturón con la verdad. Asegúrate de mantenerte unido con la verdad" No dijo: "Asegúrate de que tus sentimientos sean los correctos o que el estado de ánimo sea el adecuado", sino: "Entiende la verdad correctamente. Cíñete con la verdad". Luego dijo: "Cubre tu corazón con justicia", porque si hay algo que dificulta la oración es la conciencia culpable. Hágalo bien. Cubra su corazón con la coraza de justicia, y entonces su conciencia no lo condenará mientras ora. Luego dice que sus pies deben estar listos para correr hacia algún lugar con el evangelio si va a orar adecuadamente. Sus pies necesitan estar calzados con el evangelio de la paz. ¿Está listo para ir y llevar ese evangelio a otra persona después de haber orado? Bien, entonces sus pies están bien y Satanás no los guiará por el camino equivocado. ¿Qué pasa con sus brazos? Necesita un escudo y tendrá que moverlo. Vendrán dardos de fuego. Esa era una de las armas favoritas en los viejos tiempos: una flecha empapada en brea y prendida fuego era algo mortal. Entonces el soldado romano tenía un escudo grande y pesado que era bastante grueso y estaba hecho de madera blanda, y la flecha entraba en él y se quemaba en la madera blanda. Pablo dijo que necesitará el escudo de la fe. ¿Realmente cree que Dios está escuchando? Necesitará ese escudo. Luego Pablo nos recuerda acerca de proteger la cabeza. ¿Tiene problemas con pensamientos errantes? Por supuesto que sí. Le he dicho una manera de superar eso, y es decir sus oraciones en voz alta en lugar de pensarlas. Pero la mejor protección contra los pensamientos errantes es llenar la cabeza con pensamientos de salvación. Póngase el yelmo de la salvación; llene su cabeza de salvación. Quizás podría comenzar su oración diciendo: "Dios, tú me has salvado. Voy a pensar en eso". Ese es un buen pensamiento que no lo hará desviarse.

Oración contra el diablo

¿Ha notado que hasta ahora todo esto es defensa? Pero no vamos a estar a la defensiva con el diablo, queremos atacar también, así que necesitará una cosa más: una espada, la "espada del Espíritu". Ahora una espada atraviesa el cinturón de la verdad, y algunas personas piensan que la espada del Espíritu es toda la Biblia, pero ese no es el caso. El cinturón es la Biblia, porque el cinturón es la verdad. La espada que saca de ella es la palabra que el Espíritu saca de esa verdad en esa situación. Cada vez que Jesús respondía al diablo, sacaba una espada diferente de su cinturón y atacaba.

No deje que el diablo se salga con la suya. Póngase toda la armadura y tendrá esa arma de ataque, la palabra correcta de la palabra de Dios que el Espíritu le permite dar desde la verdad; puede ser una palabra de la Biblia, puede ser una palabra directa del Espíritu que no está en la Biblia, pero es una palabra que el Espíritu le dará, una palabra de Dios, y con eso ataca al diablo. Diga: "Cállate y huye", y descubrirá que lo hace.

Será defendido ese día y podrá atacar. Es una guerra total. Por eso la oración es mucho más difícil para los cristianos que para otros, porque el diablo odia la oración de los cristianos mucho más que todas las ruedas de oración tibetanas y las alfombras de oración musulmanas. Odia el nombre de Jesús porque Jesús —el nombre más alto sobre todo en el infierno o la tierra o el cielo—, ante él los ángeles y los hombres caen, y los demonios temen y vuelan. ¿Cree eso? Luego ore para que la sangre de Jesús no solo proteja la obra que ya se está llevando a cabo, sino que la amplíe para la gloria de Dios. Ore contra Satanás, que está atacando a los miembros de las comunidades incluso ahora y tratando de humillarlos; que intenta confundir la mente de la gente; que está tratando de darles religión en lugar de una relación con Cristo, y oremos: Señor, líbranos del maligno. Porque tuyo es el reino —no de él—, tuyo es el poder y tuya la gloria, por los siglos de los siglos. *Amén*.

Oración

Gracias, Señor, por mantener a raya al diablo en este día. Oramos ahora, en el nombre de Jesús, para que aquellos a quienes él está perturbando en este mismo momento sean liberados y se les dé la libertad de los hijos de Dios en cuerpo, mente y espíritu. Señor, no nos dimos cuenta de cuánto control tenía sobre nosotros hasta que te conocimos, y entonces nos dimos cuenta de lo poderoso, sutil e inteligente que es. Pero Señor, te damos gracias porque él no es rival para Jesús y porque se extralimitó en la cruz. Señor, danos la victoria, te lo pedimos, no por nosotros sino por tu santo nombre. Que las oraciones de nuestras iglesias sean más poderosas que las del príncipe de este mundo y de todos sus principados, porque lo pedimos en el nombre de Jesús, nuestro Señor y Salvador. *Amén.*

Capítulo 5

ORACIÓN CON LOS SANTOS

Mientras Pedro y Juan hablaban a la gente, se presentaron los sacerdotes, el capitán de la guardia del Templo y los saduceos. Estaban muy disgustados porque los apóstoles enseñaban a la gente y proclamaban la resurrección, que se había hecho evidente en el caso de Jesús. Arrestaron a Pedro y a Juan y, como ya anochecía, los metieron en la cárcel hasta el día siguiente. Pero muchos de los que oyeron el mensaje creyeron y el número de estos, contando solo a los hombres, llegaba a unos cinco mil. Al día siguiente se reunieron en Jerusalén los gobernantes, los líderes religiosos y los maestros de la Ley. Allí estaban el sumo sacerdote Anás, Caifás, Juan, Alejandro y los otros miembros de la familia del sumo sacerdote. Hicieron que Pedro y Juan comparecieran ante ellos y comenzaron a interrogarlos: "¿Con qué poder o en nombre de quién hicieron ustedes esto?".

Pedro, lleno del Espíritu Santo, respondió: "Gobernantes del pueblo y líderes religiosos: Hoy se nos procesa por haber favorecido a un paralítico, ¡y se nos pregunta cómo fue sanado! Sepan, pues, todos ustedes y todo el pueblo de Israel que este hombre está aquí delante de ustedes, sano gracias al nombre de Jesucristo de Nazaret, crucificado por ustedes, pero resucitado por Dios. Jesucristo es la piedra que desecharon ustedes los constructores y que ha llegado a ser la piedra angular. De hecho, en ningún otro hay salvación, porque no hay bajo el cielo otro nombre dado a los hombres mediante el cual podamos ser salvos".

Los gobernantes, al ver la osadía con que hablaban Pedro

y Juan, y al darse cuenta de que eran gente sin estudios ni preparación, quedaron asombrados y reconocieron que habían estado con Jesús. Además, como vieron que los acompañaba el hombre que había sido sanado, no tenían nada que alegar. Así que les mandaron que se retiraran del Consejo y se pusieron a deliberar entre sí: "¿Qué vamos a hacer con estos sujetos? Es un hecho que por medio de ellos ha ocurrido un milagro evidente; todos los que viven en Jerusalén lo saben y no podemos negarlo. Para evitar que este asunto siga divulgándose entre la gente, vamos a amenazarlos y así no volverán a hablar de ese nombre a nadie". Los llamaron y les ordenaron terminantemente que dejaran de hablar y enseñar acerca del nombre de Jesús.

Pero Pedro y Juan replicaron: "¿Es justo delante de Dios obedecerlos a ustedes en vez de obedecerlo a él? ¡Júzguenlo ustedes mismos! Nosotros no podemos dejar de hablar de lo que hemos visto y oído". Después de nuevas amenazas, los dejaron irse. Por causa de la gente, no hallaban manera de castigarlos: todos alababan a Dios por lo que había sucedido, pues el hombre que había sido milagrosamente sanado tenía más de cuarenta años.

Al quedar libres, Pedro y Juan volvieron a los suyos y les relataron todo lo que habían dicho los jefes de los sacerdotes y los líderes religiosos. Cuando lo oyeron, alzaron unánimes la voz en oración a Dios:

"Soberano Señor, creador del cielo y de la tierra, del mar y de todo lo que hay en ellos, tú, por medio del Espíritu Santo, dijiste en labios de nuestro padre David, tu siervo: '¿Por qué se enfurecen las naciones y en vano conspiran los pueblos? Los reyes de la tierra se rebelan; los gobernantes se confabulan contra el Señor y contra su ungido'. En efecto, en esta ciudad se reunieron Herodes y Poncio Pilato, con los gentiles y con el pueblo de Israel, contra tu santo siervo Jesús, a quien ungiste para hacer lo que de antemano tu poder y tu

voluntad habían determinado que sucediera. Ahora, Señor, toma en cuenta sus amenazas y concede a tus siervos el proclamar tu palabra sin temor alguno. Por eso, extiende tu mano para sanar y hacer señales y prodigios mediante el nombre de tu santo siervo Jesús".

Después de haber orado, tembló el lugar en que estaban reunidos; todos fueron llenos del Espíritu Santo y proclamaban la palabra de Dios sin temor alguno. Todos los creyentes eran de un solo sentir y pensar. Nadie consideraba suya ninguna de sus posesiones, sino que las compartían. Los apóstoles, a su vez, con gran poder seguían dando testimonio de la resurrección del Señor Jesús. La gracia de Dios se derramaba abundantemente sobre todos ellos, pues no había ningún necesitado en la comunidad. Quienes poseían casas o terrenos los vendían, llevaban el dinero de las ventas y lo entregaban a los apóstoles para que se distribuyera según la necesidad de cada uno.

(Hechos 4:1-35)

Es emocionante, ¡y solo queremos seguir leyendo y leyendo! Esos acontecimientos no tienen por qué ser del pasado.

Mirando en mis estanterías los libros sobre este tema de la oración, noté cuántos incluían la palabra "privada" en su título. Leslie Weatherhead publicó *A Private House of Prayer* (Una casa privada de oración) y hay un libro muy famoso de John Baillie, *A Diary of Private Prayer* (Un diario de oración privada). Sin querer polemizar con esto, repetiría lo que escribí antes, que no existe la oración privada para el cristiano, y en el pensamiento cristiano el mínimo para la oración son cuatro personas. Como cristiano, es imposible orar sin al menos cuatro personas: el Padre, el Hijo, el Espíritu y uno mismo. Pero me temo que otros tratarán de intervenir rápidamente. Hemos visto la intervención del diablo, que intentará invadir esa situación, y puede traer consigo principados y potestades, pero creo que los ángeles

PRACTICAR LOS PRINCIPIOS DE LA ORACIÓN

también intervienen, y oramos con ángeles, arcángeles y toda la compañía del cielo. Pero quiero pensar especialmente en la dimensión de la oración con los santos. No creo que se pueda orar sin ellos. Como he dicho antes, Jesús dijo: "Si vas a orar en secreto, entra en una habitación, cierra la puerta, quédate solo y ora". Eso significaba *con los santos* porque debemos orar así: "Padre *nuestro* que estás en los cielos, santificado sea tu nombre, *danos* hoy nuestro pan de cada día", ¡aunque el de usted sea el único cuerpo en esa habitación! Usted está orando con los santos. En otras palabras, una vez que nos convertimos en cristianos, dejamos de ser individuos, nos convertimos en miembros del cuerpo, y es el cuerpo el que ora, incluso cuando estamos solos. Son las otras religiones las que hablan de oración privada. Son las otras religiones las que piensan que solo se necesitan dos personas para orar: uno mismo y Dios. En la Biblia, la oración corporativa *es* oración, y aunque su cuerpo este solo, toda oración es oración corporativa; es la oración de todos los santos.

Esto se ve en lo que hizo Jesús. A menudo, incluso cuando oraba personalmente a su Padre, no estaba solo. Piense por un momento en Lucas 9:18, que nos dice que mientras Jesús oraba a solas, ¡sus discípulos estaban con él! Cuando quería orar en privado y personalmente, se llevaba a Pedro, a Santiago y a Juan con él, solo como apoyo. Es extraordinaria la frecuencia con que esto sucede. Supongo que la oración de Jesús es Juan 17, la oración que oró con su Padre la noche antes de morir, fue una oración muy íntima y terriblemente personal: *"Padre, te doy gracias por la gloria que tuve contigo antes de que el mundo fuera, y te doy gracias porque me la vas a devolver.* Y *te doy gracias por esto y te doy gracias por aquello...* . Pero ¿dónde hizo la oración? Oró con los santos; oró en presencia de todos sus discípulos. Más tarde, en Getsemaní, cuando iba a librar la mayor batalla de su vida, pidió a los discípulos que permanecieran despiertos, que velaran y oraran. Es como si dijera que quería estar con los santos, estar rodeado, deseando ayuda y apoyo. Si

Jesús lo necesitaba, usted también, y la oración con los santos es vital. Piense en lo que él hizo y dijo.

La oración es siempre oración colectiva. Tenga en cuenta que cada vez que comienza a hablar con el Padre se está uniendo a miles de personas. Si ora en voz alta al mismo tiempo que los demás, Dios sigue escuchando cada oración con mucha claridad. Nos estamos uniendo a todos los santos.

Quiero examinar esta cuestión de orar con los santos, muy brevemente y de forma muy sencilla, desde cuatro ángulos. En primer lugar, quiero examinar el fundamento bíblico de la oración en común; en segundo lugar, las ventajas añadidas de la oración en común; en tercer lugar, los problemas prácticos de la oración en común (de los que soy muy consciente, al igual que ustedes); y, en cuarto lugar, lo que quiero llamar los "círculos concéntricos" de la oración en común.

En primer lugar, examinamos la base bíblica, y tomo simplemente el Nuevo Testamento. Hay cuatro partes del Nuevo Testamento a las que quiero referirme aquí: los Evangelios, Hechos, las Epístolas y Apocalipsis. ¿Sabía que en cada una de ellas se habla más de orar juntos que de orar solos? Casi todas las promesas de los Evangelios se hacen a personas que oran juntas en lugar de orar solas. La práctica en Hechos es casi siempre orar juntos en lugar de orar solos. Los preceptos de las Epístolas se refieren casi siempre a orar juntos. Por último, las predicciones del libro de Apocalipsis se refieren a personas que oran juntas. Eso lo pone en una luz bastante importante.

Tomemos primero las promesas de los Evangelios. He aquí una, por ejemplo. Jesús dijo: *"Además les digo que, si dos de ustedes en la tierra se ponen de acuerdo sobre cualquier cosa que pidan, les será concedida por mi Padre que está en el cielo. Porque donde dos o tres se reúnen en mi nombre, allí estoy yo en medio de ellos"*. Esa es una promesa que no puede reclamar a menos que ore con uno o dos más. Es una promesa que tiene que dejar de lado si siempre ora solo, y es una promesa del Señor Jesús.

PRACTICAR LOS PRINCIPIOS DE LA ORACIÓN

Pero cuando repasé los capítulos 14, 15 y 16 del Evangelio de Juan, descubrí algo importante para nuestra comprensión. Fue la noche anterior a la muerte de Jesús cuando dio a los discípulos más instrucciones sobre la oración que quizá en ningún otro momento. Quería enseñarles a mantenerse en contacto con el Padre cuando él estuviera lejos de ellos.

Habían "vivido con" el Padre durante tres años, pues Jesús dijo: *"El que me ha visto a mí ha visto al Padre"*. Los dejaba y quería que aprendieran a mantenerse en contacto con Dios, así que les hizo muchas promesas concretas, y cada promesa incluía la frase "en mi nombre": *"Cualquier cosa que ustedes pidan en mi nombre, yo la haré"*. Pero cuando leí eso en griego, aprendí algo más. En inglés solo tenemos una palabra "you" para singular y plural, así que no sabemos, cuando leemos la Biblia en inglés, cuál usó Jesús en realidad, pero en griego (y en español) sí lo sabemos, y en todos los casos en estas promesas sobre la oración la palabra "you" está en plural (ustedes), no en singular. No dice "cuando cada uno de ustedes o cualquiera de ustedes pida en mi nombre", sino "cuando ustedes juntos pidan en mi nombre". Eso arroja una luz diferente sobre las cosas, ¿no es así? Cuando ustedes *juntos*, es lo mismo que "cuando dos o tres están reunidos". La oración en común tiene algo especial. Tres personas orando por separado no pueden lograr lo que tres personas orando juntas pueden lograr, según estas promesas.

Pasemos a la práctica en Hechos. ¿Qué hacían en los diez días transcurridos entre la ascensión de nuestro Señor y el día de Pentecostés? Oraban, pero ¿cómo oraban? ¿Estaban cada uno en su habitación, diciendo: "Señor, lléname de tu Espíritu Santo"? Nada de eso. Estaban todos juntos diciendo: "Señor, llénanos de tu Espíritu Santo", y hay más poder en la oración por el Espíritu Santo juntos que solos. Demasiadas personas buscan ser llenas en privado. Preferirían que ocurriera en privado, en cierto sentido, porque entonces no sería tan embarazoso. Hay poder en un grupo unido. Junte a 120 personas orando hasta que el Señor los llene a todos con el Espíritu Santo, y algo sucederá. En Hechos capítulo 1 no estaban todos orando por separado para ser llenos sino juntos. María la virgen estaba allí; ella no sabía que iba a ser llena y hablar en otras lenguas, pero ocurrió. El Espíritu Santo vino sobre ella por segunda vez, pero esta vez ella era parte de un cuerpo de personas que estaban orando.

Entonces, en Hechos capítulo 2, consiguieron tres mil convertidos. Si usted puede tener 120 personas orando juntas diariamente, ¡verá que algo sucede! Fíjese en lo que ocurrió. Después de bautizar a los conversos, les enseñaron cómo continuar en la vida cristiana. ¿Y qué les enseñaron? Les enseñaron a reunirse para escuchar la enseñanza, les enseñaron a reunirse para tener comunión, les enseñaron a reunirse para partir el pan, y les enseñaron a reunirse para orar, desde el principio mismo. Esto es intrigante. Pase las páginas y encontramos algunos hermosos relatos de reuniones de oración. Está la mencionada en el capítulo 4 de los Hechos. Les habían dicho que nunca más mencionaran el nombre de Jesús, así que se reunieron para orar, y ya sabe lo que oraron. Dijeron: "Señor, ayúdanos a hablar con denuedo en el nombre de Jesús". No dijeron, "Señor, mantennos callados", o, "Señor, mantennos bajo control". Se reunieron, y podemos orar por audacia cuando estamos juntos. Cuando uno está solo, Satanás puede atacarlo uno por uno, pero cuando están juntos orando por audacia para hablar, la obtienen. El mero hecho de estar juntos orando por audacia es un apoyo. De hecho, creo que debería haber un mínimo de dos cristianos en cada lugar. Los cristianos solos son los débiles. Necesita al menos dos de ustedes juntos en su oficina; si es el único, entonces ore para que Dios envíe a alguien más para que esté con usted, para que al menos sean dos para orar. Si uno puede perseguir a mil, dos pueden poner en fuga a diez mil. Nunca podré explicar las matemáticas de Dios, ¡pero de algún modo funcionan!

Luego, en el capítulo ocho, de nuevo encontramos oración para que el Espíritu Santo venga con poder, y es *juntos;* no están orando en privado o por separado sino juntos. O vayamos a Hechos 12, que creo que es la reunión de oración más extraña que jamás haya habido. Alguien estaba en prisión. Era Pedro, y todos estaban orando por él, y mientras oraban llamaron a la puerta. Una joven se levantó de su asiento, fue a abrir y les dijo que era Pedro. Ellos dijeron: "No puede ser, estamos orando por él y está en la cárcel". Usted puede pensar lo que quiera, pero yo pienso que es falta de fe. Simplemente no podían creer que su oración fuera respondida tan rápidamente con un golpe en la puerta. Pero estaban orando juntos por los que estaban en la cárcel, y nosotros también podemos orar juntos por los que están en la cárcel. Pase las páginas y verá que fue cuando un grupo de personas oraba unida cuando Dios llamó a los misioneros, y le digo esto: cada iglesia que envía misioneros al extranjero es una iglesia que ora unida. Donde las iglesias oran juntas, Dios separará personas para tareas particulares.

Pasemos ahora a las Epístolas. ¿Ha contado alguna vez, cuando lee las cartas de Pablo, cuántas veces pide a sus lectores que oren? Pero ¿sabía que cada vez que lo hace utiliza la palabra "ustedes", en plural, y siempre dice algo que implica que no solo quiere que se acuerden de él en oración privada, sino que se reúnan y oren por él? En griego o español es aún más claro que en inglés.

Por último, volvamos a las predicciones del libro de Apocalipsis. Los últimos días van a ser muy difíciles para la iglesia de Cristo. Va a estar bajo presión; el Anticristo reinará; habrá una verdadera persecución. ¿Cuál va a ser la defensa de la iglesia contra esos tiempos difíciles que se avecinan? Será el incienso de las oraciones de los santos. El incienso surge de los santos reunidos en el libro de Apocalipsis. Están orando juntos y sosteniéndose unos a otros en oración. Hay seguridad en su oración juntos; se están apoyando unos a otros mientras enfrentan la oposición del enemigo. Al enemigo le encanta atacarnos por separado y eliminarnos uno por uno.

Esto le da la base bíblica. Hay mucho en el Nuevo Testamento

Oración con los santos

sobre orar solo, pero hay mucho más sobre orar juntos.

Ahora veamos las ventajas añadidas. ¿Qué puede hacer la oración unida que no pueda hacer la oración separada, aparte de la promesa de Cristo de que él estará en medio si dos o tres se reúnen en su nombre?

He encontrado tres ventajas:

1. Convierte la oración en una escuela.
2. Convierte la oración en una chimenea u hogar.
3. Convierte la oración en una central eléctrica.

Convierte la oración en una escuela. He aprendido más sobre la oración escuchando orar a otras personas que de todos los libros sobre oración que tengo en mis estanterías y de todos los sermones que he escuchado sobre la oración. No hay nada como escuchar orar a otras personas para aprender a orar. Realmente nos estimula en la oración, nos abre nuevas posibilidades, y pensamos: nunca se me había ocurrido orar por eso, o así. Nos hace querer ampliar nuestra oración. Así que alabo a Dios por los grupos en los que he podido escuchar orar a los santos. De alguna manera, ver lo que hacen los santos corrige nuestras oraciones. Dejamos de orar por cosas egoístas, empezamos a tener una visión más amplia, oramos por cosas más grandes, y eso nos salva del atolladero en el que estábamos, porque la variedad de personalidades enriquece nuestra comprensión de la oración.

En segundo lugar, orar juntos convierte la oración en una chimenea u hogar. ¿A qué me refiero? Sacamos del fuego un trozo de carbón que está ardiendo intensamente y lo ponemos solo en la chimenea, y vemos qué le pasa. Su potencial de calor no cambia, pero se enfría. Sigue teniendo todo el combustible que necesita para arder, pero se enfría. Inmediatamente que lo volvemos a poner entre las otras brasas, se calienta de nuevo. Martín Lutero escribió en su diario: "En mi propia casa no hay calor ni vigor en mí, pero en la iglesia, cuando la multitud está reunida, se enciende un fuego en mi corazón y se abre paso". El gran reformador fue muy sincero al decir esto. Estaba diciendo: "Necesito estar en la chimenea". No hay duda de que, si está frío en su oración privada, si le está resultando difícil, necesita entrar en la chimenea, meterse entre algunos carbones calientes, y el resplandor puede ser comunicado y llevado de nuevo a su propia vida de oración.

Así que primero es una escuela en la que aprendemos más escuchando a los demás, segundo es una chimenea en la que nos contagiamos del resplandor y empezamos a entrar en calor y, tercero, es una central eléctrica.

Cada vez que me atrevo a aventurarme fuera de mi propia esfera, ¡aparece un experto en ese campo! Pero, según tengo entendido, un cable que va a transportar electricidad se compone de hilos más pequeños agrupados. Juntos, esos hilos pueden transportar mucha más energía que por separado. La próxima vez que conecte un enchufe, mire el cable y verá que está formado por un montón de pequeños hilos. Esos hilos juntos pueden transportar mucha energía, y parece que Dios ha ordenado la oración de tal manera que, si ponemos muchos hilos pequeños juntos, la energía que puede transportar es mucho mayor porque están juntos. No me pregunte cómo funciona, pero parece ser otro caso de lo que Henry Drummond llamó ley natural en el mundo espiritual.

Hace muchos años había una iglesia en Shanghái que tenía solo sesenta miembros, y simplemente permanecieron así, y nada parecía estar sucediendo. Entonces, ¿qué hicieron? Dividieron a sus sesenta miembros en diez grupos de seis. Algunas personas dirían; "Eso es mecánico. Estás tratando de hacer el trabajo del Espíritu por él". Pues yo preferiría estar en la iglesia de Shanghái, por lo que voy a contarles ahora. Supusieron que todos los miembros estaban dispuestos a orar con los demás, lo cual es una suposición. Dijeron que, puesto que eso es parte normal del cristianismo del Nuevo Testamento, es una contradicción que un miembro de la iglesia no participe en una reunión de oración. Le dieron a cada uno una hora de la jornada laboral para orar. No sé cómo lo organizaban con su trabajo. Creo que en su mayoría eran autónomos o trabajadores de la tierra que podían organizar su propio trabajo. Un grupo de seis oraba de ocho a nueve de la mañana, luego de nueve a diez, y así todo el día, hasta que durante todo el día y la noche había oración continua en grupos de seis. El primer año —desde el día en que empezaron a hacer esto— tuvieron ciento catorce bautismos, y en el segundo año tuvieron doscientos bautismos. El único cambio que habían hecho en la situación era que ahora oraban juntos, no en una gran reunión de oración de la iglesia, sino en grupos de seis, y eso fue lo que funcionó. ¡Intrigante! Atrévase a probarlo. Es necesario aumentar el porcentaje de cristianos en este país. Se puede cambiar la opinión pública, y por tanto las tendencias públicas, cuando se cuenta con el cinco por ciento de la población. ¿Cómo vamos a hacerlo? No llevaría tanto tiempo si hiciéramos lo que hizo esa iglesia de Shanghái. Se lo planteo como un reto.

Durante mi estancia en Canadá, conocí al Dr. Donald McGavran, un hombrecillo recto con un cerebro brillante, que ha dedicado parte de su vida a estudiar libros y escribir sobre un solo tema: cómo crecen las iglesias. Ha recorrido todo el mundo analizando, examinando, cuestionando, observando, preguntando cómo crecen las iglesias, y ha producido mucha literatura. No ha dado respuestas demasiado simplistas. Ha dicho que hay diferentes factores que operan (algunas tienen un gran evangelista, algunas tienen buenos edificios, etc.), pero solo hay un factor común que se aplica a todas las iglesias del mundo que están creciendo rápidamente: son iglesias con grupos de cristianos que se reúnen regularmente para orar por los no cristianos por nombre, en el nombre de Jesús. No se puede hacer eso en una gran multitud, no se puede hacer en un espacio público, pero se puede hacer en un grupo donde dos o tres están reunidos.

En tercer lugar, quiero abordar los problemas prácticos de orar juntos, y hay varios. Tengo seis en mente, y estoy seguro

PRACTICAR LOS PRINCIPIOS DE LA ORACIÓN

de que usted podría añadir otros. He estado a punto de enumerar seis tipos de personas que plantean problemas a la hora de orar juntos, ¡pero eso sería maldad! Nos limitaremos a etiquetarlas como problemas, no como personas, y si la gorra nos queda bien, podemos ponérnosla todos.

En primer lugar, está el problema de los que permanecen en silencio. Cuando nos reunimos para orar, todo el mundo debería estar dispuesto a orar, y permanecer en silencio puede, de hecho, entorpecer una reunión de oración. Es muy raro que el problema sea físico. Conozco a un hombre que tartamudea como nadie. Si uno le dice "Buenos días", tambalea sobre la "B" antes de poder responder "Buenos días". Pero el Señor se apoderó de él, y cuando va a una reunión de oración el Señor le da tal fluidez que la oración se derrama, el único momento en que está libre del tartamudeo. ¿No es encantador? El Señor no lo ha curado de su tartamudez al hablar con la gente, pero el Señor quiere tanto que la gente hable con él, y que hablen con él en una reunión de oración, que lo libera de esa tartamudez, y nunca he oído a un hombre que se derrame en la oración así.

La barrera es mucho más a menudo psicológica. Podemos estar tan agobiados por los nervios, el miedo, la timidez, que se produce un bloqueo y, como el faraón, tenemos una plaga de ranas en la garganta. Pensamos: "Si empiezo, ¿cómo voy a parar?". O: "¿Y si no puedo continuar?". O: "¿Qué pasa si me quedo atascado, si mi mente se queda en blanco?, y en cualquier caso hay gente aquí que puede orar mucho mejor que yo, y estarán comparando su oración con la mía, y estarán pensando en mí todo el tiempo; pensarán 'Ah, así que él es así, ¿no?'". Así que nos cerramos.

Mi abuelo, que era ministro, salió a comer un domingo. Estaba claro que era una casa donde nunca daban las gracias antes de comer, pero como él llevaba un alzacuello, la mujer le dijo alegremente al marido: "¿Quieres dar las gracias, cariño?". ¡Parecía destrozado! Empezó, repasó el Salmo 23, el Padrenuestro y siguió y siguió y siguió, cada pedacito de la Colecta que podía recordar, y no sabía cómo terminar. Mi abuelo, que tenía bastante sentido del humor, de repente dijo en voz alta "Amén", ¡y con eso terminó la oración! ¡El pobre hombre acababa de ser avergonzado!

Cuando alguien que ha estado en silencio pronuncia una oración, por simple y breve que sea, a menudo encuentro que esa oración es, con mucho, la más útil. Es tan real, cuando superan esa barrera psicológica. Una mujer vino a verme una vez y me dijo: "Haré el té en la iglesia, fregaré el suelo, haré lo que sea, pero no me pida que ore en una reunión de oración".

Le dije: "Mira, ¿de verdad te gustaría? Esa es la pregunta clave para mí, no si puedes, sino si quieres".

Después de mirarme largo rato, me contestó: "Sí, me gustaría. Ojalá pudiera".

Le dije: "Bien, ¿quieres ponerte en mis manos durante seis semanas?".

Respondió: "Sí".

Le dije que la próxima reunión de oración era la semana siguiente y le dije: "Quiero que vayas a casa, tomes un trocito de papel y un lápiz, y que escribas una oración de no más de una frase, y que escribas "amén" al final. Quiero que vengas la semana que viene y que, en la reunión de oración, cuando llegue tu turno, te limites a leer esa frase, nada más". Así lo hizo. Era una oración muy bonita, así que leyó la frase y se atragantó justo después de la palabra "amén". La semana siguiente le dije: "Esta vez quiero que escribas otra oración, pero ahora quiero que memorices la frase". Luego, paso a paso, conseguimos que superara los obstáculos psicológicos de oír su propia voz en público, consiguiera terminar, y así sucesivamente. En seis semanas ya oraba, y le encantaba. El Señor quiere ocuparse de sus barreras psicológicas porque quiere que ore, quiere que pueda participar. No quiere que tenga complejo de inferioridad.

Pero creo que también hay otras razones por las que la gente guarda silencio en una reunión de oración. Puede haber razones espirituales. He notado que la gente que lleva amargura o resentimiento en su corazón tiende a callarse en una reunión de oración. Necesita lidiar con esas cosas antes de poder ser libres para orar. Necesita deshacerse de ellas. Robert Louis Stevenson tenía la costumbre de orar cada día el Padre Nuestro en la mesa del desayuno con su familia, solo el Padre Nuestro. Un día empezó: "Padre nuestro...", se paró, se levantó y salió corriendo a la cocina.

Su mujer fue a verlo y le dijo: "¿Estás bien?". Ella le preguntó: "¿Por qué no has orado?".

Él respondió: "No estoy en condiciones", y ella le preguntó por qué no. "Porque hay alguien a quien no puedo perdonar". Eso es honestidad. Si el silencio se debe a ese tipo de cosas, hay que tratarlas y llevarlas al Señor. Puede que esté enfadado o con ganas de pelear, o que tenga algo espiritual en el corazón que lo mantiene callado. 1 Timoteo 2:8 dice que hay que tener intenciones puras cuando se acude a la oración.

El segundo problema es práctico: los que son inaudibles. Algunas personas parecen orar a sus zapatos. Si van a orar juntos, entonces, por amor a los demás presentes, debe levantar la cabeza y la voz. Hable más alto y asegúrese de que los demás puedan oírlo (en lugar de mantener la voz al nivel que utiliza cuando ora a solas) para que puedan compartir su oración.

El tercer problema es el de las oraciones largas. El tiempo que una congregación, o incluso una reunión de oración, puede concentrarse en la oración de una sola persona es muy limitado. Alguien ha calculado que una congregación típica no puede concentrarse durante más de un minuto. No sé qué investigación hicieron para ello —conozco algunas que pueden continuar mucho más tiempo— , pero lo que decían es que después de un minuto en un servicio público la primera persona empezará a divagar en sus pensamientos, y pronto le seguirán otras. Los compiladores del Libro de Oración Común se dieron cuenta de esto y elaboraron oraciones comunes deliberadamente para que la gente compartiera en común, y tal "oración común" no suele durar mucho más de un minuto. Había un principio muy sólido para ello. Sabían que es mejor tener muchas oraciones cortas que una larga. El problema es que, al reaccionar contra la imposición política por parte del gobierno de un Libro de Oración Común, las iglesias libres reaccionaron tanto contra las oraciones breves como contra las oraciones de libro, y creo que eso es triste. Hay tesoros, riquezas de oración en los libros, que podemos perder. Tenemos largas oraciones extemporáneas, y pensamos que son más espirituales que esas breves Colectas del Libro de Oración Común, algunas de las cuales son muy breves pero muy profundas. "Dios todopoderoso, a quien todos los corazones están abiertos, todos los deseos son conocidos, y a quien ningún secreto está oculto; limpia los pensamientos de nuestros corazones por la inspiración de tu Santo Espíritu, para que podamos amarte perfectamente, y dignamente magnificar tu santo Nombre; por Cristo nuestro Señor. *Amén*". Es una oración preciosa que dice mucho. Si vamos a orar juntos, tenemos que aprender a ser breves. Las oraciones largas han desanimado a mucha gente.

Cuando Sir Wilfred Grenfell era estudiante de medicina en Londres, una noche, de camino a casa desde la universidad, vio una gran tienda de campaña. Al entrar, se encontró en medio de una reunión de avivamiento. Había un hombre en la plataforma orando, y oró una y otra vez. Wilfred, que no tenía ningún interés cristiano, solo pura curiosidad, se levantó para salir por la puerta, cuando el presidente de la reunión se levantó y dijo: "Amigos, cantemos un coro mientras nuestro hermano termina su oración", y toda la congregación estalló en canción. Grenfell quedó tan cautivado por el sentido común de este hombre que dijo: "Me quedo", y se convirtió, y más tarde partió a Labrador como misionero. (Me parece emocionante, ¿y a usted?) ¡Podemos estar agradecidos de que el presidente acortó la larga oración!

El siguiente problema son las oraciones estereotipadas. Hay quienes oran lo mismo todo el tiempo, quienes incluso en la oración improvisada tienen su propia "liturgia". Había un hombre que solía orar todas las semanas en la reunión de oración: "Señor,

PRACTICAR LOS PRINCIPIOS DE LA ORACIÓN

barre las telarañas de nuestro corazón". Se cansaron tanto que un día un joven que estaba atrás se levantó y dijo: "Señor, mata esa araña. ¡Amén!".

Hay maneras de tratar con las personas estereotipadas. Creo que el Señor quiere que a veces podamos reírnos de nosotros mismos. Es posible que haya oído hablar del profesor Norman Snaith. Si sabe algo sobre la teología del Antiguo Testamento, sabrá que fue uno de los eruditos más destacados de Gran Bretaña. Tenía una actitud bastante desconcertante cuando realizaba las oraciones universitarias en Leeds. Siempre entraba a la capilla de la universidad, se acercaba al escritorio de oración en el frente y decía: "Buenos días, Señor". Esto irritaba a algunos de los estudiantes. Y siguió, y siguió, y siguió, siempre "Buenos días, Señor". Así que, finalmente, un día entró y dijo: "Buenos días, Señor", y un estudiante que estaba atrás dijo: "¡Buenos días, Snaith!". ¡Nunca más lo volvió a hacer! Hay maneras de curar estas cosas. Pero para llegar a algo bastante serio, fácilmente podemos caer en la rutina con nuestra fraseología, y eso acaba con una reunión de oración. Cuando asistimos a una reunión de oración, debemos orar: "Señor, hazme fresco esta mañana".

El problema número cinco son las personas que oran en público como si estuvieran solas. Este es un problema bastante más profundo. Hay quienes oran una oración que hubiera sido más apropiada en su dormitorio. Me refiero a aquellos que son "yo, yo, yo" en público, y aquellos que, en cierto sentido, llaman la atención sobre sí mismos y su propia peregrinación espiritual. Cuando venimos a orar juntos, no debemos preocuparnos por nosotros mismos, debemos buscar orar el tipo de oración que llevará a otros con nosotros al trono de la gracia, y eso requiere un poco de cuidado, para evitar traducir o trasladar su oración de dormitorio a la reunión de oración de la iglesia.

Finalmente, está el problema de la discontinuidad. Con esto quiero decir que en un grupo de oración el Señor da un flujo, y tiene un patrón que él arma, de modo que cada oración fluye de la anterior y evoluciona. Escuchar atentamente el flujo de la oración y escuchar a la persona anterior, y saber que ahora es correcto para mí entrar con mi pequeña oración, simplemente encaja ahí. Podemos estar en una hermosa sesión de acción de gracias y simplemente ser conducido hacia la alabanza, entonces alguien que tal vez llegó tarde espeta: "Señor, por favor bendice a la señora Smith, que ha ido al hospital, como sabes", y toda la continuidad ha sido roto. Hay un lugar, y el Señor nos guiará hasta el momento en que sea correcto orar por la señora Smith. Pero cuando oramos juntos debemos ser muy sensibles y decir: "¿Adónde nos está guiando el Espíritu en la oración?". Escuche las oraciones que tiene delante, no se limite a mantener la oración en su mente y pensar: "Bien, cuando alguien se detiene, yo introduciré mi oración". Diga: "Señor, ¿cuándo quieres que introduzca mi oración?", para que fluya y el Señor pueda dirigir la reunión de oración. Estos son algunos de los problemas prácticos.

Así que hemos examinado la base bíblica, la ventaja añadida y los problemas prácticos, y ahora los "círculos concéntricos". Es como si dejara caer una piedra en un estanque y los círculos se hicieran cada vez más grandes. El primer círculo de oración es de dos o tres. Y si le resulta difícil en una reunión de oración más grande, le sugiero que busque a otras dos personas y se reúnan y digan: "Reunámonos una vez cada quince días o algo así, y simplemente oremos juntos. Tengo miedo de diez o doce personas, pero no me importaría que vinieran solo dos de ustedes y aprendería a orar". Esa es la célula inicial, y francamente, preferiría ver cien células que una gran oración de iglesia, porque creo que eso alentará más oración. El crecimiento celular es natural.

Billy Graham fue a una ciudad una vez, y la primera noche tuvo la mayor respuesta a su llamamiento que cualquier primera noche de cualquier cruzada que haya dirigido. No podía entenderlo, porque estaba tan fuera de lo normal. Así que hizo investigaciones cuidadosas y descubrió a dos señoras ancianas, solteras e inválidas que no podían salir de su casa, pero que habían orado juntas durante seis años para que Dios visitara esa ciudad: ¡solo dos señoras juntas! Y Billy quedó asombrado por el resultado. Primero está la pequeña célula. De hecho, Pedro menciona en su carta que en la célula más pequeña pueden estar marido y mujer orando juntos.

El siguiente círculo es la reunión de oración, entre diez y cien personas. Ahora los problemas se agudizan un poco, pero las posibilidades también son grandes. Le conté de la iglesia de Shanghái, pero permítame decir que creo que es importante unir la caldera al motor y que las personas en la reunión de oración participen en el lado práctico de la iglesia, y viceversa, que la gente del lado práctico se involucre en el lado de la oración. De lo contrario se desarrollan dos iglesias —las "Martas" y las "Marías"— y se necesitan una a la otra. Pero está la iglesia más grande, y hay momentos en que la iglesia necesita reunirse para orar.

El tercer círculo, aún más amplio, es el culto público. Aquí tenemos una dificultad mayor para orar juntos. Es una dificultad porque somos muchos.

Déjeme contarle cómo empezó la entonación; quizá no lo sepa. Antes de las ayudas artificiales para la producción de voz, cuando se construían catedrales enormes, solían entrar en la catedral y cantar una escala, y cuando alcanzaban la nota correcta, el edificio vibraba. Luego oraban con esa nota. Ese fue el origen de entonar partes de los servicios y tenía mucho sentido, aunque es innecesario ahora que tenemos equipo de megafonía. Sin embargo, sigue siendo tremendamente importante que todos escuchen, y que estén juntos.

Como ya he señalado, existe un lugar real para las oraciones de libros. ¿Qué es usar un himnario sino orar juntos? Se necesita más coordinación y hay un lugar para usar juntos las palabras que han sido preparadas para nosotros, de modo que podamos estar más unidos como grupo grande. Por eso utilizamos oraciones libres y oraciones de libros; cantamos himnos juntos y leemos pasajes juntos; y es por eso que cantamos himnos. Es bastante tonto pensar que es más espiritual cantar sin libros, orar sin libros, o ser totalmente espontáneo. Cuanto más grande es la multitud, más importante es tener palabras que puedan unir rápidamente a un gran grupo de personas en una oración común. Pronunciar la Gracia es un ejemplo de ello. Por cierto, el sonido de un gran amén es un gran estímulo. No tenga miedo de decir amén o aleluya, si realmente estás con una oración. Por grande que sea la congregación, al Señor le encanta el sonido de un gran amén. Es una palabra en la que todos podemos reunirnos y ofrecerle.

Luego hay un círculo aún más grande: el de la iglesia de Jesucristo en todo el mundo. Cada vez que cualquiera de nosotros se une en oración en un culto, no estamos solos, nos unimos a toda la iglesia en todo el mundo. Estamos orando con los santos. ¡Aleluya! En este momento se está llevando a cabo un ciclo completo de oración de veinticuatro horas.

¿Conoce el himno *The day thou gavest, Lord, is ended* (El día que diste, Señor, ha terminado)? Incluye estas líneas,

Como sobre cada continente e isla
El amanecer conduce a otro día,
La voz de la oración nunca calla,
Ni muere la variedad de alabanza.

En la oración somos un eslabón de la cadena de oración en todo el mundo; estamos orando con los santos.

Finalmente, hay un círculo aún más grande, e incluye tanto el cielo como la tierra: "con ángeles y arcángeles, y con toda la compañía del cielo": palabras sacadas de un libro, pero ¿no significan algo para usted? Sugieren que estamos en un círculo muy grande. ¿Oración privada? No existe tal cosa. Recuerdo haber ido a ver a una querida anciana que vivía sola, que tenía muy pocas personas que la visitaran, una hermosa santa de Dios.

PRACTICAR LOS PRINCIPIOS DE LA ORACIÓN

Se encontraba excluida de todas las reuniones de oración excepto cuando alguien iba a verla y oraban juntos. Le dije: "¿Cómo te las arreglas? ¿No te parece algo desalentador?". Ella dijo "no", y nunca olvidaré que lo dijo: "Mientras estoy acostada aquí en la cama, cuando oro, todos los ángeles se unen a mí". Celebraba una reunión de oración cada vez que oraba. Ella nunca oraba en privado. ¡Estaba rodeada cada vez que oraba en esa pequeña habitación! Había descubierto que la oración cristiana es oración con los santos.

Ahora bien, ¿por qué debería agradar más a Dios cuando nos reunimos? ¿Por qué la oración debería ser más poderosa con el cielo cuando nos reunimos? Debe haber una razón para esto. Aunque les hice una pequeña promesa a mis hijos de no mencionarlos cuando escribiera, les voy a pedir perdón por solo mencionar una cosa. Recuerdo que cuando estaban dando sus exámenes se juntaron los tres y redactaron un documento para que yo lo firmara. Tuvieron una larga consulta al respecto y decidieron cuánto valía para el orgullo de su padre si obtenían un aprobado, una distinción, etc., y calcularon cuidadosamente algunas sumas. Luego acordaron esto y me lo trajeron para que lo firmara, ¡para que sus esfuerzos fueran recompensados económicamente! Así que lo leí detenidamente y dije: "Bueno, solo falta una cosa y es que aquí no hay nada sobre cuánto me deben si fallan". Así que regresaron, pensaron de nuevo y calcularon cuánto sentían que me deberían si fracasaban. Redactamos cuidadosamente el documento, lo firmé y lo guardamos en un lugar seguro de la casa desde donde sería presentado en el momento oportuno. Soy padre, Dios también lo es. La cuestión es que un padre responde mucho más cuando los hijos se han reunido y están de acuerdo, cuando se están relacionando en algo. Entonces, si realmente quieren algo, que se reúnan en amor y en buenas relaciones, y que se pongan de acuerdo, y el hecho mismo de que hayan llegado a un acuerdo y hayan venido con su pedido significa que no es fácil para un padre resistirse. ¿Por qué? A usted le encanta ver a tus hijos cooperando,

Oración con los santos

¿no? Dios es Padre y le encanta ver a su familia de acuerdo. Le encanta verlos en unidad; le encanta verlos de un solo corazón y de una sola mente. Derramó su Espíritu en Pentecostés cuando no solo estaban en un solo lugar sino cuando estaban unánimes. Tenía una familia que bendecir y quiere llenar su cuerpo con su Espíritu; quiere llenar de amor a su familia; quiere darnos dones, por eso mira desde el cielo y espera que sus hijos en la tierra se pongan de acuerdo, cooperen y vengan como familia. No puedo explicar toda la enseñanza del Nuevo Testamento sobre la oración con los santos sobre otra base que no sea esa comprensión de los caminos del Padre en el cielo, de quien está hecha toda familia en la tierra. Así que acerquémonos con valentía al trono de la gracia y encontremos su gracia para ayudarnos.

Oración

Padre, te damos gracias por estar unidos en el Señor. Te damos gracias porque es tu voluntad que oremos juntos, que nos amemos unos a otros y te presentemos nuestras peticiones juntos. Gracias por el poder de la oración unida. Señor, oro ahora para que todos en nuestra iglesia no solo asistan a los servicios, sino que se reúnan en oración con otros, por pequeño que sea el grupo, para que pueda haber tal ola de oración que te veamos hacer grandes cosas en tu poder. Señor, oramos por una iglesia orante, y grupos de personas con visión que estén de acuerdo y caminen en amor, y que se reúnan como niños y digan: "Papá, ¿harás esto porque nos hemos puesto de acuerdo?". Sabemos que nos amas y quieres glorificar tu nombre a través de nosotros. Lo pedimos en el nombre de Jesús y por él. *Amén.*

Capítulo 6

ORACIÓN POR NUESTRA CUENTA

Resumamos lo que hemos notado hasta ahora acerca del carácter distintivo de la oración cristiana.

Primero, es oración *a un Padre*. Ninguna otra religión tiene ese tipo de oración: venir a nuestro Papá celestial y llamarlo así es algo que ninguna otra religión se ha atrevido a enseñar y que a muchas personas les suena demasiado íntimo, demasiado familiar.

Segundo, he explicado que la oración, para el cristiano, es oración *a Jesús*, y podemos obtener su firma en la petición. Y, cuando obtenemos su firma, obtenemos la respuesta a la oración, "cobramos el cheque", y eso es algo que ninguna otra religión tiene.

Tercero, los cristianos son los únicos en el mundo que pueden orar *en el Espíritu*. Vamos a ver lo que significa eso. Nadie es muy bueno en oración. Por naturaleza no somos buenos en eso, y Dios lo sabe perfectamente. Él sabe que no sabemos orar como conviene, pero el Espíritu nos ayuda en nuestra debilidad. Ninguna otra religión puede ofrecer el Espíritu de Dios para ayudar con esta debilidad, y eso hace que el cristianismo sea especial.

Cuarto, cuando oramos, oramos *contra el diablo*, y ya les he dado algunas pistas de lo que eso puede significar en términos prácticos. Oramos contra el diablo y él nos atacará, y una de sus armas favoritas es la enfermedad. Él puede atar a personas de esa manera. Esa es una dimensión diferente de la oración. Francamente, al diablo no le importan mucho otros tipos de oración porque de todos modos no hacen mucho, y él va detrás de los vivos, no de los muertos.

PRACTICAR LOS PRINCIPIOS DE LA ORACIÓN

También hemos analizado la oración *con los santos*, y hay pocas experiencias tan hermosas como reunirse con un grupo de personas que conocen a Dios. Hablar con él y orar con los santos es algo único. Podemos orar con otras personas de otras religiones, pero solo podeos orar con los santos de la religión cristiana. Y los santos son aquellos que no están *tratando* de llegar a Dios, sino aquellos que ya lo han hecho y están en camino a la gloria.

Ahora pasemos a la oración *por nuestra cuenta*, no la "oración privada" sino la oración *secreta*. Esa distinción puede parecer una simple nimiedad, pero por "oración secreta" me refiero a la oración que otras personas no ven. Por "oración privada" me refiero a la oración que soy yo y solo Dios, y les he mostrado que para el cristiano no existe tal cosa como la oración privada. Si me arrodillo, el diablo, principados y potestades me persiguen, el Padre me escucha, Jesús se involucra, el Espíritu me ayuda, los santos me rodean y me siento sostenido por el pequeño grupo de creyentes que está orando por mí ahora. Entonces no es oración *privada*, pero puede ser *secreta*, y nuestro Señor la llamó así. Él dijo: *"Cuando ores, entra en un aposento y cierra la puerta, y tu Padre que ve en lo secreto…"* Nunca usó la palabra privado. Alguien dijo que el secreto de la religión es la religión en secreto, que es un pequeño cliché útil.

La Biblia está llena de exhortaciones a la oración secreta. Mateo capítulo 6, el Sermón del Monte, lo dice. Jesús no dice: "Si oran", sino: *"Cuando oren"*. No dice "si dan", sino: *"Cuando den"*. No dice: "Si ayunan", sino: *"Cuando ayunen"*. Él asume que las tres cosas serán parte de nuestra vida normal —orar, dar, ayunar— y nos exhorta a entrar en una habitación, cerrar la puerta y estar a solas con Dios de esa manera. La Biblia está repleta de ejemplos de esto. Si estudia la vida de cualquier gran persona en la Biblia, ya sea Abraham, Moisés, Elías, Daniel, encontrará que aprendieron cómo estar a solas con Dios. Sobre todo, si mira a nuestro Señor Jesucristo encontrará que, una y otra vez, subió al monte para conversar con su Padre. Esto es lo que estamos

Oración por nuestra cuenta

viendo ahora.

En teoría, esto debería ser lo más fácil de hacer para el cristiano. Después de todo, si amamos a alguien, ¿no queremos pasar todo el tiempo posible con esa persona? Cuando conocí a mi esposa y me enamoré de ella, estaba viajando con un colega cristiano por Yorkshire, Nottinghamshire y Lincolnshire. Estábamos evangelizando donde podíamos. Bajamos a las minas de carbón y hablamos con los hombres en la superficie del carbón, íbamos a los pubs; en cualquier lugar donde pudiéramos encontrar gente, íbamos juntos. El hombre con el que viajaba notó que desaparecía por largos períodos de tiempo. Nunca le dije dónde había estado y rápidamente se dio cuenta de que estaba enamorado. Cuando realmente amamos a alguien, no decimos: "Dios mío, tendré que intentar pasar al menos media hora con esa persona hoy". Si alguien hablara así, ¿asumiría que está enamorado? Por supuesto que no. Entonces, en teoría, si amo a Jesús, lo más fácil del mundo debería ser pasar mucho tiempo con él. Sin embargo, en la práctica, a muchos cristianos les resulta una de las cosas más difíciles de hacer.

Quiero ser muy práctico. En lo que respecta a la oración, todavía estoy en el departamento primario y estoy muy consciente de los santos que se han acercado mucho a Dios y podrían enseñarme un par de cosas. Dicho esto, quiero abordar este problema muy práctico: ¿por qué, en teoría, si amo a mi Jesús, tendría que resultarme difícil pasar horas con él? Si fuera mi esposa, habría recorrido el Museo Británico con zapatos con clavos durante seis horas solo para estar con ella, y no tendría por qué ser nada interesante, porque el amor simplemente nos hace querer estar con alguien, nos sentimos cómodos y no nos quedamos sin tema para hablar. ¿Por qué entonces deberíamos tener dificultades con la oración?

¿Cómo se siente cuando canta un himno o canción cristiana y la letra expresa un amor al Señor que en ese momento no siente? ¿Se siente un poco culpable por cantar la letra? Si es así, voy a tratar de ayudarlo, porque la falsa culpa es el peor fundamento sobre el cual construir nuestra vida de oración. Tiene que ser honesto consigo mismo y saber que el Señor quiere que ore y que reciba la ayuda que necesite.

En la práctica, la dificultad varía de un temperamento a otro. Por ejemplo, si es una persona extrovertida y sociable, le resultará más fácil orar con los santos que orar solo. Si es una persona introvertida o más metida hacia adentro, es posible que le haya resultado más fácil orar solo que orar con los santos. Algunos de nosotros tenemos un problema mayor que otros acerca de orar en secreto, así como algunos de nosotros tenemos un problema mayor que otros en una reunión de oración. Pero la mayoría de nosotros encontramos que a veces enfrentamos dificultades.

Hay una razón muy simple y obvia por la que nos resulta difícil decir: "Amo a Jesús, por eso no tengo dificultad en pasar horas con él y hablar con él". Recuerdo una reunión de jóvenes un domingo por la tarde. Estábamos sentados en nuestro césped y tuvimos una conversación muy honesta. Alguien dijo: "¿Por qué es más difícil pasar horas con Jesús que con mi novio [o novia]?". Se explicó al grupo que, si me enamoro de un ser humano, ¿qué hace que sea fácil estar con él? Lo primero que puedo hacer con ellos es que puedo comunicarme con ellos a través de mis sentidos físicos, de modo que hay una sensación externa de su presencia: ¡puedo verlos, oírlos, tocarlos y olerlos, si usan perfume o loción para después del afeitado! La sensación exterior de su presencia produce sensaciones interiores que pueden ser placenteras. Pero cuando trato de orar con Jesús, el sentido externo de presencia está ausente, y el sentido interno a menudo puede estarlo, y eso constituye el problema.

Cuando cortejaba a mi esposa, tenía una sensación exterior de su presencia. Podía abrazarla, podía besarla, podía hablar con ella y tenía una sensación interior mientras lo hacía, lo que hacía que todo fuera delicioso. Pero cuando estamos en una habitación con alguien que no podemos ver, no podemos oír, no podemos tocar, no podemos oler, y cuando estamos en una situación donde no hay ninguna sensación interna que responda a esa presencia, tenemos un problema. Si nunca ha tenido ese problema, puede dejar este libro ahora mismo. Hay momentos en los que uno es tan consciente de la presencia de Jesús que es casi demasiado real, es casi demasiado. Aunque probablemente esto no sea siempre así.

Entonces, ¿cómo vamos a superar estos problemas? Algunos lectores recordarán que en los teléfonos antiguos que funcionaban con monedas había un "botón A" que había que presionar para que las monedas cayeran y se completara la conexión. Bueno, un hombre me dijo: "Para mí, la oración es como hablar por teléfono sin presionar el botón A". Dijo: "Es como hablar solo. Parece que no logro comunicarme". Escuché de un colegial que le hizo eso a su director. El director lo había azotado y se sentía muy resentido y amargado, así que llamó al director y luego, sin presionar el botón A, le dijo exactamente lo que pensaba de él, ¡y ciertamente eso hizo que algo saliera de su sistema! Algunas personas sospechan que la oración es un poco así: es bueno hablar, es bueno orar, pero en realidad uno está hablando por teléfono sin que nadie lo escuche al otro lado. Pero eso no es oración. La oración es una conversación bidireccional. Entonces puede haber un sentimiento de irrealidad que tenemos que superar.

En una ocasión, mientras conducía hacia el norte desde Jerusalén a Samaria, vi la escuela Helen Keller, que atiende las necesidades de niños con discapacidad sensorial (incluidas la discapacidad visual, discapacidad auditiva y personas sordas/ciegas, así como, en muchos casos, casos, discapacidades múltiples adicionales), y mi mente volvió a esa mujer increíble, Helen Keller. Nació ciega y sorda, por lo que era muda, pues como nunca oía palabras, no podía pronunciarlas y, por tanto, no podía comunicarse con su entorno e incluso con su familia, excepto a través del tacto. Al carecer de los sentidos que más utilizamos para contactarnos con los demás, tuvo una batalla. Una señora llamada Ann Sullivan tomó a Helen y le enseñó.

Lucharon, pelearon y fue una batalla real. Pero llegó al punto en que estaba en comunicación con la gente y podía hablar y escuchar a los demás, ejerciendo una influencia muy grande. Al pensar en Helen Keller se me ocurrió que éste es el problema que tenemos con la oración. Por naturaleza soy ciego al Señor, soy sordo al Señor, y por eso soy mudo y no sé hablar. Tengo que aprender a comunicarme sin los sentidos, porque todas las demás relaciones que he tenido han sido a través de mis sentidos, y ésta no puede ser así, así que tendré que aprender. Pero si Helen Keller pudo aprender, entonces yo puedo, especialmente porque tengo un mejor maestro que el que tuvo ella, porque el Espíritu Santo es un gran maestro y realmente quiere que supere este problema y sea consciente de que la persona a quien estoy orando está tan en mi presencia como si mi esposa estuviera allá. Creo que ese es el objetivo final de nuestras primeras luchas en la oración.

Hay muchas cosas que tenemos que aprender como un deber antes de que se conviertan en un deleite, y esto puede ser así con la oración. ¿Recuerda haber hecho sus escalas si aprendió a tocar el piano? ¿Era un deber o un deleite? Si hoy disfruta tocando el piano es porque aprendió a superar esos primeros problemas. ¿Recuerda la vez que aprendió a conducir? ¡El embrague canguro! Después de las primeras dos o tres lecciones, tal vez se desesperó, se asustó, hasta que su maestro siguió obligándolo a superar esos problemas.

Ahora confío en que haya llegado al punto en el que sea un deleite y disfrute conduciendo. No importa lo que sea, piense en algo que realmente disfruta hacer y pregúntese: ¿no hubo un momento al principio en que era más un deber que un deleite? Si es algo que realmente vale la pena hacer, entonces hubo un momento en el que había que arremangarse y poner manos a la obra y seguir hasta superar el problema. No les voy a prometer un camino fácil hacia la presencia de Dios, pero le voy a decir que no tiene por qué seguir siendo un deber y no lo será, pero que puede haber un elemento de deber, un elemento de pura autodisciplina, especialmente cuando comienza.

Antes, para dejar claro un punto, comparé el amor que tengo por mi esposa con el amor que tengo por el Señor, o, mejor dicho, cómo ese amor se traduce en acciones. Por supuesto, no puedo definir el amor por el Señor en términos de mi amor por mi esposa, y usted tampoco, porque es una clase diferente de amor. Los griegos tenían diferentes palabras para tipos tan diferentes de amor. Sin embargo, existen algunos paralelos en cómo se debe expresar el amor, en las áreas de lealtad y deber, por ejemplo. ¿Cómo expresó nuestro Señor su amor por mí? ¿Teniendo un agradable sentimiento burbujeante hacia mí? No, expresó su amor llevando a cabo con determinación algo que no quería y no tenía ganas de hacer: fue a la cruz. Así me demostró su amor. Si voy a demostrarle mi amor, entonces debo estar preparado para pasar por algo que produzca los resultados que él desea. Hay un elemento de lealtad en el amor divino y en el deber; es un elemento que hay que añadir al amor humano para que valga la pena.

¿Qué hacemos en un servicio de bodas? ¿Estamos simplemente reconociendo que dos personas se han enamorado? No, porque eso no es suficiente para salir adelante; no es lo suficientemente firme, no es lo suficientemente fuerte. Han estado saliendo juntos, disfrutan de la compañía del otro, tienen sentimientos mutuos, se estimulan mutuamente, comparten intereses. Eso no es suficiente. A la pareja se le pedirá que agregue lealtad al amor, se le pedirá que le agregue deber, se les pedirá que prometan solemnemente que nunca se separarán, sino que permanecerán juntos para bien o para mal, ricos o pobres, hasta que la muerte los separa. Necesitan algo de amor divino con su amor humano, y ver el deber como parte de su amor; y aunque no siempre sientan el lunes por la mañana, al lavar las cosas del desayuno, lo mismo que sintieron en la luna de miel, sigue siendo amor, porque es lealtad. Si ama a su Señor, le demostrará su amor no teniendo un agradable sentimiento de efervescencia en su interior, sino guardando sus mandamientos, cumpliendo con su deber. Ese es

PRACTICAR LOS PRINCIPIOS DE LA ORACIÓN

el amor que enseñó. Y solo aquellos que aprenden a cumplir con su deber aprenden que es un deleite. Esa es la primera cosa. Hay una cierta cantidad de autodisciplina involucrada.

No es necesario que elimine los sentimientos de su vida de oración, así que, por favor, no lo haga. Algunos cristianos tienen tanto miedo de que sus sentimientos se salgan de control que se convencen a sí mismos de que no tienen sentimientos, y eso es triste. Pero deje que su sentimiento se enganche a su fe, no que su fe se enganche a sus sentimientos.

Déjeme decirle lo que quiero decir con eso. Quizás tengas ganas de orar en la iglesia, lejos del jefe, lejos del trabajo. A la mañana siguiente puede que se sienta muy diferente: no tiene ganas de hablar con el Señor. Pero quiero que ejerza fe en ese momento y recuerde que los hechos de la situación no han cambiado en absoluto desde el domingo por la noche. ¿Ha muerto Dios desde el domingo por la noche? No. ¿Ha dicho Jesús que no volverá a la tierra desde el domingo por la noche? No. ¿El reino no vendrá ahora? No, está por llegar, nada ha cambiado, por lo que mi fe puede ser la misma, aunque me sienta como el "lunes por la mañana". Por lo tanto, puedo orar por mi fe. Y mientras reflexiono que Dios todavía está en el trono y que Jesús aún viene, y que el reino aún vendrá, mis sentimientos aumentan para igualar mi fe; así que no elimine los sentimientos, simplemente deje que la fe arrastre sus sentimientos y sus hechos arrastren su fe.

Ahora, una palabra de precaución en este punto: puede considerar su oración con el mismo espíritu con el que consideraría un baño frío. ¿Sabe lo que quiero decir? Si es solo un deber, y nunca va más allá, es como una especie de baño frío cada mañana: pone la alarma, aprieta los dientes y se sumerge. Pero no le resultará un placer mientras lo haga.

Entonces, ¿cómo descubrimos que Dios realmente está ahí, que el Señor Jesús realmente está escuchando nuestra oración? Hay dos cosas que voy a considerar.

En primer lugar, creo que de persistir en el deber de orar

llegamos a la segunda etapa, donde sabemos que él estuvo allí en retrospectiva. Esta, diría yo, es la etapa número dos. Etapa número uno: está orando y preguntándose si él lo está escuchando, pero lo hace porque sabe que tiene que aprender y lo hace porque él le ha dado la fuerza para hacerlo. Etapa número dos: lo ha hecho sin sentir su presencia, pero lo que pasó después demostró que él estaba allí.

Mi mente se remonta a lo que ocurrió cuando los discípulos encontraron a Jesús por primera vez después de su resurrección, cuando eran conscientes de su presencia. Podían tocarlo, podían verlo, podían oírlo, y él dijo: *"La paz sea con ustedes"*. Fue genial, porque tenían a Jesús con ellos. Tomás entró en la habitación poco después. Le dijeron que Jesús había estado allí. Tomás no sabía lo que se había perdido. Pero dijo que no lo creía. Quería verlo por sí mismo. Miró alrededor de la habitación y no vio un alma. Su Jesús tenía agujeros en sus manos y un gran corte en el costado, así que hasta que pudiera meter sus dedos en ese agujero y hasta que pudiera pasar su mano por ese corte, no lograrían que creyera lo que decían. Una semana después, en la misma habitación, Jesús dijo: *"Tomás, ven y mete tu dedo en mis manos y pasa tu mano por mi costado"*, y Tomás dijo: *"Dios mío, estás aquí"*.

¿Entendió el mensaje? Entre la resurrección y la ascensión, Jesús estaba enseñando a esos discípulos a tener conciencia de su presencia incluso sin ninguno de los sentidos. Por eso pasaron seis semanas entre la resurrección y la ascensión. Y durante seis semanas Jesús estuvo yendo y viniendo, hasta que no supieron si venía o iba, hasta que, finalmente, supieron que cuando se fue, ¡no se había ido! Esto es lo que enseña la Biblia. El día que Jesús regresó al cielo y vieron el cuerpo desaparecer más allá de las nubes, supieron que ya no podrían tocarlo ni oírlo. Sus últimas palabras en ese momento fueron: *"Les aseguro que estaré con ustedes siempre"*. De ahora en adelante no necesitarían ninguno de los sentidos para saber su presencia. Habían sido destetados, y Jesús dijo: *"Bienaventurados aquellos que ni siquiera tendrán la oportunidad de verme que ustedes han tenido, pero creen en mi presencia"*. La ascensión significa que él está más allá del alcance de nuestros sentidos. La gente dice: "Podría creer en él si lo hicieras aparecer, si entrara a la iglesia y predicara un domingo por la noche; sería genial". Pero sin ninguno de mis sentidos sé que Jesús está aquí ahora; tal vez no puedo oírlo, no puedo verlo, no puedo tocarlo, pero está aquí. La ascensión significa que: *"Les aseguro que estaré con ustedes siempre"*.

¿Cómo lo sabe? A menudo se trata de mirar en retrospectiva; en otras palabras, de obtener una respuesta más tarde. Cuando los creyentes hablan de que sus oraciones han sido respondidas, saben que él estuvo presente porque, en retrospectiva, ven lo que sucedió; él debe haber estado escuchando. Esto significa que tiene más confianza para orar. Es más que un deber, se está convirtiendo en un privilegio porque, como dijo Spurgeon: "La oración doblega la omnipotencia del cielo a tu deseo". En respuesta a la oración, Dios cambia de opinión. No cambia su carácter; nuestra oración no cambia quién *es*, pero sí lo que *hace*. Hay muchos ejemplos en la Biblia de personas que han sido lo suficientemente audaces como para discutir con Dios. Moisés lo hizo, y Dios cambió de opinión e hizo algo diferente. No cambió su carácter, pero Moisés suplicó a Dios con tanta eficacia que Dios cambió de opinión, y la Biblia dice que Dios se arrepiente, cambia de opinión (que es lo que significa la palabra "arrepentirse"). A veces, cuando miramos atrás en retrospectiva, sabemos que Dios ha hecho algo que no habría hecho si no hubiéramos orado.

En algún momento comienza a ocurrir una serie de coincidencias tan asombrosas que estadísticamente sabe que él estaba escuchando y tiene confianza para orar, aunque no sienta su presencia, porque sabe que él está escuchando, como tantas cosas de este tipo han sucedido.

Cuando ora, es posible que la respuesta no sea la que pedimos. Sin embargo, es posible que recibamos el aliento que estamos buscando mientras recibimos nuestra respuesta. Francamente, puede ser más satisfactorio recibir una respuesta que lograr que se cumpla una solicitud. Hay un texto solemne en Salmos que dice que Dios les dio su deseo y envió flaqueza a sus almas; les dio lo que querían y adelgazaron espiritualmente. Dios responde, y son sus respuestas las que nos llevan a lo que he llamado la "segunda etapa" de la oración. Job dijo: "¿Qué ganamos con dirigirle nuestras oraciones?". La respuesta es que obtenemos una respuesta, y la respuesta nos anima a seguir orando. Cuando está orando, está orando a un Padre y a un Rey. Si está orando a un Rey, entonces usted puede traerle grandes cosas, pero si está orando a un Padre, puede traerle cosas pequeñas. ¿No es un pensamiento hermoso? Si es Padre, entonces sabe cuántos cabellos tengo en la cabeza y se da cuenta cuando un gorrión salta al suelo. Un Rey se ocupa de los asuntos grandes, pero un Padre se ocupa de las pequeñas cosas que son grandes para sus hijos, para que yo pueda venir y obtener una respuesta.

La "tercera etapa" de la oración es la etapa de lo que quiero llamar *comprensión*. Quiero ir más allá de saber después que él estuvo presente y preguntar: ¿puedo saber cada vez que oro que él está presente mientras oro? ¿Puedo sentir su presencia cada vez, o no? En última instancia, ese será el mayor estímulo para la oración. Mientras esté en la etapa uno, haciéndolo porque sé que es correcto, decidido a guardar sus mandamientos para mostrarle mi amor, pero sin sentir su presencia en absoluto, es bastante difícil. Cuando entro en la etapa dos y empiezo a obtener respuestas, se vuelve mucho más fácil seguir orando, porque sé que, como resultado, están sucediendo cosas. Pero es posible que todavía no sienta su presencia en este momento. Hay una etapa tres y, alabado sea Dios, cuando llegamos a la etapa tres sabemos mientras hablamos que él está en la habitación.

Ahora bien, ¿cómo se produce eso? No existe ninguna técnica y, sin embargo, mientras leo la Biblia me doy cuenta de que una y otra vez hay personas que hablan con Dios con una sensación tan vívida de su presencia que simplemente conversan con él.

PRACTICAR LOS PRINCIPIOS DE LA ORACIÓN

¿Ha notado eso? ¿Alguna vez se encontró pensando: "Si tan solo pudiera hablar con Dios como Moisés, tener una conversación con él y obtener una respuesta inmediata, y saber que él está allí"? ¿Cómo sucede eso?

No creo que exista una técnica que lo ayude a percibir la presencia de Dios. He leído muchos libros sobre oración y he estudiado muchas técnicas. Algunos dicen sentarse, algunos dicen ponerse de pie, algunos dicen arrodillarse, algunos dicen tumbarse en el suelo, algunos dicen salir a caminar, algunos dicen mantener los ojos abiertos, algunos dicen cerrar los ojos, algunos dicen ir a su habitación, algunos dicen usar una calle particular de camino al trabajo, algunos dicen ir al campo a las colinas, algunos dicen esto y otros dicen aquello, y las técnicas nos dejan un poco desconcertados. Eso sí, una señora dijo que desde que le dije que usara las manos, descubrió que Dios le había dado la oración para orar. Le dije: "Dios te ha dado un verdadero don para el discernimiento en la oración; estás orando por las cosas correctas cuando estás en un grupo de oración, las cosas correctas que no conoces".

Ella respondió: "Desde que comencé a usar mis manos de esta manera, él me ha dado la oración para orar". Eso es hermoso, pero no voy a enfatizar las técnicas. Creo que lo más importante para usted en la oración es estar relajado y relacionado con Dios, y si está más relajado y relacionado sentado, entonces siéntese; si está más relajado y relacionado de rodillas, entonces póngase de rodillas; si está más relajado y relacionado con los ojos abiertos, entonces manténgalos abiertos; si está más relajado y relacionado con los ojos cerrados, ciérrelos. Experimente, varíe hasta que encuentre lo que sea adecuado para usted. No existe una técnica que sea adecuada para todos, pero lo importante es esto: ¿puedo llegar al punto en el que estoy tan relajado y tan relacionado que sepa que él está en la habitación conmigo y que él me está hablando a mí? La respuesta es que podemos. No será con el cuerpo, porque nuestros sentidos son corporales. Ni siquiera será con la mente, porque la mente puede fácilmente interponerse en el camino, con pensamientos errantes y con otras cosas.

Le diré cómo creo que ocurre. Si es cristiano, hay otra parte de su personalidad que ahora ha cobrado vida. No es solo cuerpo y mente (o, como lo habrían expresado los griegos, solo cuerpo y alma), también es espíritu, y es el espíritu el que puede tomar conciencia de la presencia de Jesús en la habitación. En otras palabras, existe una relación profunda que es mucho más profunda que la que el cuerpo y la mente pueden tener. Las relaciones humanas generalmente se limitan a cuerpo y mente, o cuerpo y alma. Mientras esos dos estén juntos, podrán tener una hermosa amistad o un hermoso matrimonio. A veces, con otro ser humano puede ser tan profundo con la persona que simplemente lo conoce: puede estar en silencio, conocer los pensamientos del otro y, en el fondo, conocer los sentimientos del otro. Y la relación con Dios puede ser a un nivel más profundo: un abismo llama a otro abismo; el Espíritu llama al espíritu.

Muchos de los dones del Espíritu pasan por alto por completo la mente. Aquellos que confían en su intelecto encuentran muy difícil creer que hay otra dimensión, donde el espíritu humano puede comunicarse con el Espíritu de Dios, y las palabras pueden ir del Espíritu Santo al espíritu humano que no llegan ni cerca del cerebro, y no provienen de la mente, donde el espíritu simplemente *sabe*.

Cuando el Espíritu Santo toca su espíritu, puede deshacerse de una barrera intelectual que muchos de nosotros tenemos y que restringe nuestras oraciones a la oración con la mente. Aunque hay un lugar para esto último. Como dice Pablo: *"Oraré con la mente y oraré con el espíritu"*. Si nunca ha orado con su espíritu, se ha perdido una dimensión real de la oración. Cantaré con la mente y cantaré con el espíritu. Tendré ambos tipos de oración en mi vida, ambos tipos de canto. Llegaré a lo que quiero decir con oración en el Espíritu, pero hay un nivel profundo en el que el espíritu sabe que Jesús está allí.

PRACTICAR LOS PRINCIPIOS DE LA ORACIÓN

Me gustaría darle un testimonio personal. Mientras escribía, llegué a un punto en el que dije: "Jesús, ¿estás en la habitación conmigo?" y mi espíritu simplemente "estalló". Hubo un movimiento que lo siguió rápidamente, pero no fue emoción. Mi cuerpo y mi mente alcanzaron a mi espíritu en unos minutos, pero mi espíritu *sabía* que Jesús estaba allí y yo podía "derramar" de mi espíritu hacia él. Creo que ese es el punto en el que podemos conocer la presencia del Señor cuando oramos, cuando su Espíritu hace conocer su presencia a nuestro espíritu. Está a esa profundidad. No puedo explicarlo ni describirlo, pero les digo esto: algunos santos tardan años en llegar al punto en que saben que Jesús está ahí mientras hablan; tienen experiencias ocasionales que no son regulares. O, a medida que crecen en gracia a lo largo de muchos años, llegan al punto en que, más o menos cada vez que oran, saben que Jesús está con ellos. Pero tengo una gran noticia para ustedes, hay un atajo disponible para esto, y es ser *empapados* en el Espíritu Santo. No me importa qué término use —bautizado en Espíritu Santo, lleno de Espíritu Santo, ungido con Espíritu Santo, que el Espíritu Santo sea derramado sobre usted, caiga sobre usted— , pero le digo esto, cuando el espíritu de usted esté empapado del Espíritu de Dios, conocerá su presencia muy en lo profundo. No discutirá sobre ello, su mente no se interpondrá en su camino. De hecho, simplemente sacará su mente de en medio porque es una especie de intrusión.

Cuando él lo bautiza en Espíritu Santo, parece como si liberara en la vida de oración de una persona este sentido inmediato de la presencia de Dios para que su espíritu pueda comulgar con el Espíritu de Dios, con el Señor, con el Padre. Y el Espíritu de él da testimonio con el espíritu de usted de que es hijo de Dios, para que pueda gritar: "Papá, Abba, Padre". Es el Espíritu diciéndome, al nivel de mi espíritu. Mis sentidos corporales dicen que él no está en la habitación, mi mente divaga y dice: "Bueno, tal vez mi mente pueda comprobar más tarde las respuestas y ver si realmente ha estado escuchando", pero cuando el Espíritu da testimonio a mi espíritu, cuerpo y mente se quitan del camino y mi espíritu es consciente de la presencia de Jesús. Por eso, si tiene problemas con la sensación de su presencia en su oración, le sugiero que comience a orar para que él lo llene con su Espíritu, que lo empape en su Espíritu. Y le digo que será más consciente de su presencia que nunca antes de que esa oración sea respondida, y es una oración que a él le encanta responder.

¡Es glorioso! Esto está abierto a cualquier cristiano, cualquiera que sea la condición en la que se encuentre su cuerpo y en cualquier condición en que se encuentre su mente. Fui a ver a un miembro de la iglesia que estaba muriendo. Durante tres o cuatro días, la familia no había podido obtener respuesta alguna de esa persona que yacía allí en coma profundo: ni respuesta física ni respuesta mental. Llamé una o dos horas antes de que ese miembro de la iglesia muriera, y uno de la familia dijo: "No sirve de nada, ¿quieres entrar?". Le dije que sí y entré. Me senté junto a la cama y acerqué mi boca a la oreja de aquel casi cadáver, y dije: "Voy a orar y quiero que te unas a mí", y comencé: "Padre nuestro que estás en los cielos", y no llegué más lejos. Los labios dijeron: "Santificado sea tu nombre. Venga tu reino. Hágase tu voluntad". En realidad, no era el cuerpo el que estaba haciendo eso, ni tampoco la mente, sino el espíritu que todavía estaba muy vivo. Y me refiero a esta tercera profundidad de la oración, el punto en el que Dios quiere comulgar con vosotros y hacernos conscientes de su presencia.

Hubo un tiempo en que fui capellán de un hospital para enfermos mentales y tomaba un culto una vez por semana. A menudo me preguntaba si estaba perdiendo el tiempo, porque era una sala para aquellos que, desde el punto de vista médico, nunca saldrían de allí y nunca se recuperarían. Sucedieron todo tipo de cosas extrañas. Cuando anunciaba un himno, un hombre solía ponerse de pie y hacía un saludo militar, todo el tiempo que cantábamos; la música debe haber tocado algún recuerdo profundo y subconsciente de bandas militares. Estaba hablando con el hombre a cargo de esa sección y le dije: "Sabe, a veces me pregunto si algo llega". Me dijo: "Señor Pawson, por favor no deje de venir. El único momento de la semana que se comportan diferente es durante este culto. Las únicas palabras racionales que algunos de ellos pronuncian son las palabras de los himnos".

Es que hay un nivel de disfrutar la presencia de Dios que no está al nivel de los sentidos corporales. Ni siquiera está al nivel de la deducción mental. ("Él debe haber estado allí porque oramos y él respondió"). Es conciencia *espiritual*, que no está limitada por la condición física o mental. ¡Aleluya! Para que podamos conocer su presencia. Su Espíritu puede dar testimonio con el espíritu de usted de que es hijo de Dios, que él es su Papá, que el Señor Jesús está escuchando y está listo para firmar su petición; que el diablo está vencido; que los santos están con usted; y que aunque no sepa orar como debe, el Espíritu puede llenar su boca con un idioma que nunca aprendió y liberarlo para orar.

Oración

Padre, gracias porque cuando me convertí en uno de tus hijos, diste vida a mi espíritu. Antes de eso, estaba espiritualmente muerto. Te hablaba, pero no estaba seguro si me escuchabas. No sabía si realmente tenía alguna respuesta. Señor, gracias porque no quisiste que esto siguiera así. Gracias porque nos has dado una nueva dimensión de comunión contigo mismo.

Señor, empápame con tu Espíritu, lléname con tu Espíritu, para que, aunque mi cuerpo y mi mente no puedan captar tu presencia, mi espíritu esté tan lleno de ti que no tenga duda alguna de que te estoy hablando, y que tú estás hablando conmigo. Señor, si deseo tener satisfechos mis sentidos corporales, perdóname. Gracias porque un día veré a Jesús con mis propios ojos y lo escucharé con mis oídos, pero Señor, hasta que lo haga, dame fe para que no necesite de los sentidos. Y, Señor, si mi mente no puede entender, y si mi mente discute y mis pensamientos se alejan de ti, mantén mi espíritu cerca de ti y enséñame cómo comunicarme como amigo con Amigo, espíritu con Espíritu, abismo con abismo.

Señor, gracias por sentir tu presencia en este momento. Gracias porque realmente estás aquí. Señor, continúa hablándome y ayúdame a conocerte, a amarte, a hablar contigo y a escucharte. Lo pido por tu nombre. *Amén*.

Capítulo 7

ORACIÓN POR OTROS

Hay un pecado que la mayoría hemos cometido, probablemente con regularidad, y que rara vez consideramos pecado. Lo consideramos un descuido, o un lapsus de la memoria, y aquí está: "En cuanto a mí, que el Señor me libre de pecar contra él dejando de orar por ustedes" (1 Samuel 12:23). ¿Cuándo fue la última vez que se dio cuenta de que eso era un pecado y pidió perdón por ello? Es asombroso que hayamos pasado por alto ese pequeño versículo. La intercesión en favor de los demás se considera en las Escrituras como una responsabilidad, aunque también es un privilegio. Como veremos, la intercesión es uno de los aspectos de la oración más difíciles de aprender. Es mucho más fácil orar por uno mismo y por sus propias necesidades que por las necesidades de los demás. Es instintivo orar por uno mismo; no lo es tanto orar por los demás. Dicho esto, es un placer saber que nuestra oración ha sido poderosamente eficaz para otra persona. Hay pocas alegrías comparables a oír que lo que hemos orado por alguien ha sido gloriosamente contestado.

Mucho antes de convertirme en cristiano, conocí el poder de la oración de intercesión. Recuerdo vívidamente la mañana de Navidad en que me desperté sintiéndome mal. Mi padre salió a predicar ese día. Mientras estaba fuera, me sentí terriblemente mal. Yo sabía que estaba muy enfermo. Se apresuró a volver del culto, que había acortado porque el Señor le dijo en su corazón que había una grave necesidad en casa, y que era yo. En menos de media hora estaba en el hospital con sospecha de meningitis. Creo que la familia sufrió más que yo. Ciertamente, su cena de Navidad se echó a perder por completo. Tres días después salí del hospital totalmente recuperado. El lunes por la mañana mis padres me trajeron una larga hoja de papel con 120 nombres de personas que decían: "Creemos que Dios tiene un futuro para David y vamos a orar juntos", ¡y aquí estoy! Pero entonces yo no era cristiano y, aunque me intrigaba la cantidad de nombres que figuraban en el papel, no me daba cuenta de lo que esas personas habían estado haciendo.

Cuando me convertí al cristianismo, en septiembre de 1947, ya era consciente del poder de la oración de intercesión. Era un viernes por la noche cuando me convertí al cristianismo. Llevaba una semana con un centenar de jóvenes, la mayoría cristianos, y resulta desconcertante entrar en una habitación y encontrarse con un círculo de personas que oran por uno por nombre. Antes de ser cristiano uno no lo aprecia realmente. Una vez que nos convertimos en cristianos lo apreciamos enormemente: que la gente nos ame lo suficiente como para orar por nosotros por nuestro nombre. Pero en ese momento nos molesta. ¿Quiénes se creen que son para orar por mí? Supongo que se creen mejores que yo. Tuve todas las reacciones habituales. Pero al menos sé que la oración de intercesión desempeñó un papel vital en mi conversión el viernes por la noche de aquella semana. Desde entonces, he aprendido cuánto se debe a ello. Y le digo que soy más consciente que nadie de hasta qué punto mi ministerio se debe a la intercesión de otros y no a mis actividades, y no podría afrontar mi ministerio una y otra vez si no supiera de quienes —en secreto, ante el Señor— buscan sostenerme por mi nombre. No podría seguir predicando y enseñando sin eso.

La mecánica de la intercesión es un misterio para mí. Hay quienes han intentado explicarlo en términos psicológicos: quienes, por ejemplo, ven la oración por uno mismo como una forma refinada de autosugestión. Recuerdo haber oído decir a un profesor de psicología que la oración por los demás podía explicarse en términos de telepatía y de transferencia de pensamiento de la mente de una persona a otra. Me temo que no me convence en absoluto. Se trata de un intento de dar una explicación natural al poder de la oración de intercesión, pero las cosas que suceden cuando oramos por los demás solo pueden explicarse en términos sobrenaturales.

Pienso en dos misioneras en China antes de que los comunistas tomaran el poder. Tenían que ir a la ciudad a recoger una gran suma de dinero del banco para llevarla al hospital de las colinas, donde trabajaban como misioneras, para pagar al personal del hospital. Por diversas razones se retrasaron, y solo llegaron a mitad de camino cuando cayó la noche, así que tuvieron que pasar la noche en las colinas, en lo que entonces era territorio infestado de bandidos. Entonces se acostaron y se encomendaron al Señor. Por la mañana se despertaron, volvieron al hospital y pagaron al personal. Habían dormido con esta bolsa de dinero entre las dos: una suma considerable. Unas semanas más tarde, llevaron al hospital a un conocido bandido local que había sido tiroteado. Le salvaron la vida y les dijo a las dos misioneras: "Las vi hace unas semanas. Estaba durmiendo fuera con una bolsa de dinero, ¿verdad?".

"Sí".

"Queríamos ese dinero y no fuimos a tomarlo".

Y las misioneras dijeron: "¿Por qué no?".

"Bueno", dijo, "estaban los soldados".

"¿Qué soldados?".

"Los soldados que estaban con ustedes. Contamos veintisiete".

Las dos señoras volvieron a casa de licencia unos meses más tarde, a su pequeña iglesia de Londres, y contaron esta historia. El secretario de la iglesia, que era un hombre meticuloso y llevaba los registros de todas las reuniones y de cuántos asistían, preguntó: "¿En qué fecha fue eso?". Y se lo dijeron.

Él lo buscó en el diario y dijo: "Ese día nuestra reunión de oración de la iglesia tenía una carga especial por ustedes, y éramos veintisiete en la reunión de oración de la iglesia, y oramos por protección".

Ahora usted puede intentar darme una explicación natural de eso, pero la verdad es que más cosas son obradas por la oración que este mundo sueña.

Dios lo ha arreglado de tal manera que se necesita a alguien que ponga una mano hacia él y una mano hacia la necesidad de alguien, y entonces el poder fluye entre el cielo y la tierra. A veces esa conexión usa nuestras manos. Muchos han dicho que cuando han puesto las manos sobre alguien en oración han sentido el hormigueo del poder de Dios a través de sus brazos cuando se completaba el enlace. La oración de intercesión es costosa, pero en respuesta a ella, Dios envía poder que fluye hacia la persona que necesita ayuda.

Creo que a menudo también están presentes los ángeles. Lea el libro de Daniel. Los ángeles vuelan por todas partes; ¡pueden dejar atrás al avión más rápido! En el capítulo 9 de Daniel, un ángel va desde lo más alto del cielo hasta la habitación de Daniel antes de que termine una oración que, como mucho, duró dos minutos: ¡eso es velocidad! Dios tiene sus mensajeros.

Al pensar en orar por los demás, consideraremos cuatro áreas. Primero: por qué oramos por los demás, es decir, cuáles son nuestros motivos. Segundo: por quiénes debemos orar. Uno de los problemas es que la lista puede hacerse fácilmente demasiado grande, y quiero darle algunas orientaciones sobre cómo mantenerla dentro de los límites. Tercero: por qué cosas debemos orar cuando oramos por alguien; y cuarto, cómo debemos orar cuando oramos por otros.

Primero: ¿por qué oramos por las personas? El corazón humano es engañoso, dice la Biblia, y engañoso sobre todas las cosas. El problema es que nuestros motivos se mezclan tanto que no sabemos realmente por qué estamos orando por cierta persona. El mayor problema a la hora de orar por los demás es mantener el yo al margen y procurar que el interés propio no tiña la oración por los demás. Me temo que, si no tenemos cuidado, tendemos a orar por aquellas personas que, de alguna manera, están implicadas en nuestro propio interés. ¿Por qué deberíamos orar por nuestro país más que por otros países? Tenemos que tener cuidado de no orar por nuestro país más que por otros países, porque nuestro modo de vida se ve amenazado si nuestro país se hunde. El interés propio puede limitar nuestra intercesión a *nuestra* familia, *nuestra* iglesia, *nuestro* país: que prosperen para que yo sea feliz, para que mi pequeño mundo sea todo lo que yo quiero que sea. Nuestra superioridad moral también se cuela, de maneras tan peculiares, cuando oramos por los demás. ¿Se han dado cuenta de que he dicho que me refiero a la oración *por* los demás? Quiero hacer una pequeña advertencia sobre la oración *a* los demás. ¿Saben lo que quiero decir con eso? Es tan fácil predicar en nuestras oraciones. ¿Recuerdan al fariseo que estaba al frente del templo? El "yo" era muy grande en su oración. Aparece cinco veces. *"(Yo) Te doy gracias porque (yo) no soy como los demás hombres; (yo) ayuno dos veces por semana; (yo) doy el diezmo de todo lo que (yo) poseo"*. Luego miró por encima de su hombro al hombre en el banco de atrás y dijo: *"Oh Dios, te doy gracias porque no soy como otros hombres —ladrones, malhechores, adúlteros— ni como ese recaudador de impuestos"*. Ahora bien, otra versión de ese tipo de oración es: "Señor, haz que todos los miembros de la iglesia sean tan entusiastas como yo". ¿Ha oído ese tipo de oración? "Señor, haz que todos estén tan dispuestos a venir a la reunión de oración como yo esta mañana". ¿Es eso diferente de la superioridad moral del fariseo? "Te agradezco que no soy como los demás hombres. Haz que todos sean como yo y tendremos una gran iglesia". No, la superioridad moral, la arrogancia, el simple yo, todo puede colarse.

Permítame darle otro ejemplo muy pertinente. Puede que esté casado con un incrédulo. Es un yugo desigual, que crea roces, molestias. Así que se pone de rodillas y dice: "Señor, haz que mi esposo sea cristiano" o "Señor, haz que mi esposa sea cristiana". ¿Por qué ora eso? ¿Para poder compartir? ¿Para poder ser feliz? ¿Para tener un hogar cristiano? Permítame sugerirle que, si está casado con una persona que no es cristiana, lo mejor que puede hacer es orar primero por usted mismo. Agradezca al Señor por ellos, y ore por usted. Agradezca al Señor por cada buena cualidad que ellos tienen, y ore para que usted pueda ser una mejor esposa o esposo, y vea lo que sucede después. Pero podríamos estar pidiendo simplemente que nuestra pareja se convierta para aliviarnos de tener roces al orar nosotros.

Una vez oí a un predicador decir: "Ora por un hombre durante seis meses y le llegará la hora". Yo no creo eso. No creo que orar por los demás los manipule. No creo que esa sea la fuerza de la oración. No se puede convertir a otra persona en cristiana, ni siquiera orando. Dios respeta la libertad del individuo. Creo que orar por otra persona no fuerza la situación, pero refuerza lo que Dios está haciendo en ella. No es una forma de manipular a las personas y hacer de ellas lo que queremos que sean sino una forma de reforzar, de modo que cada respuesta que den al poder de Dios se verá reforzada por nuestra oración por ellas. De esta manera, no los estamos manipulando, los estamos amando, los estamos ayudando. Recuerde que hubo personas a las que Jesús invitó pero tuvo que dejar ir porque no quisieron aceptar cuando llegó el momento de la decisión.

Por eso, siempre que oremos por otra persona, debemos preguntarnos por qué lo hacemos. ¿Estoy orando de algún modo por interés propio? ¿Estoy, por ejemplo, orando para que mi hijo o mi hija sean algo porque yo no he conseguido serlo, y estoy proyectando en ellos mis ambiciones? Ha habido padres que anhelaban estar en el campo misionero, o que anhelaban dedicarse al ministerio, que han orado todos los días para que su hijo o su hija pudieran ser misioneros. ¿Están seguros de que no están proyectando sus propias ambiciones frustradas? Solo hay dos motivos adecuados para orar por otras personas: la gloria de Dios y el bien de la persona por la que oramos.

Encontramos a Pablo diciendo: *"Desearía yo mismo ser maldecido y separado de Cristo por el bien de mis hermanos"*,

Oración por otros

lo que significa que en realidad oraba sin ningún interés personal. Por eso debemos orar por las personas de forma desinteresada. De hecho, Jesús nos dijo que oráramos y ayudáramos a las personas que no podían devolvernos nada, así que le sugiero que repase su lista de oración y se pregunte cuántas de estas personas son personas de las que no podría obtener ningún beneficio, pero a las que simplemente puedo dar en oración. Jesús enseñó que deberíamos hacer eso con nuestra casa. Podría invitar a comer el domingo no solo a los que le pedirán que vuelva a su casa dentro de tres meses, sino a los que no tienen casa a la que pedirle que vuelva. Del mismo modo, ore por aquellos de quienes nunca recibirá nada a cambio, y puede estar seguro de que su intercesión es para la gloria de Dios y para el bien de los hombres.

Este es el primer punto: *por qué* oramos; tener los motivos correctos. Por supuesto, nada de esto significa que no debamos orar también por nuestras propias familias, iglesias y país.

El segundo punto que quiero tratar se refiere a por quiénes oramos. Hay dos grupos de personas por los que no tiene sentido orar. En primer lugar, es inútil orar por los que han muerto. Aunque podemos recordarlos y pensar en ellos con cariño, puede dejarlos en manos de Dios. No sirve de nada orar por los difuntos. Ha sido una práctica de la religión pagana, y se coló en la religión cristiana, y algunos cristianos todavía creen que pueden hacerlo. Pero le digo, basándome en las Escrituras, que el período decisivo en la existencia de una persona está entre la cuna y la tumba; seremos juzgados por las cosas hechas en el cuerpo, y en el momento en que morimos hay un gran abismo fijado. La Biblia es absolutamente clara: las oraciones de los muertos por nosotros, y nuestras oraciones por los muertos, están descartadas por la santa palabra de Dios, así que ese es un grupo por el que no se debe orar.

Hay otro pequeño grupo por el que se nos dice en el Nuevo Testamento que no tiene sentido orar, y es un grupo de "cristianos" que han cometido tal apostasía, que han dado la espalda a Jesús y le han negado, que han cometido lo que se llama en 1 Juan 5:16 el pecado de muerte, y Juan, el amado apóstol, que tenía tanto amor en su corazón, dice: *"en ese caso no digo que se ore por él"*. Llega un punto, por desgracia, en el que los cristianos se han alejado demasiado de Cristo como para orar por ellos. Dicho esto, ore por todos los demás.

Hay, sin embargo, algunos grupos especiales por los que la Escritura nos dice que oremos, y quiero pedirle que se asegure de que estén en su lista de oración. En primer lugar, sus enemigos. La mejor manera de deshacerse de un enemigo es convertirlo en amigo, y la mejor manera de convertirlo en amigo es orar por él. Por lo tanto, en su lista de oración deberían figurar regularmente quienes no le caen bien a usted, o a quienes usted no les cae bien, o ambas cosas a la vez: a menudo es mutuo. ¿Ora usted por los que lo maltratan? Jesús lo enseñó y los apóstoles lo practicaron. Cuando Jesús murió, miró a los soldados que apostaban a sus pies, y dijo: *"Padre, perdónalos"*, y oró por ellos. Y cuando Esteban estaba siendo apedreado hasta morir, y las piedras le estaban rompiendo el cráneo y rajando su piel, y la sangre corría, dijo: *"Padre, perdónalos"*. Ore por sus enemigos.

Conozco a un joven que se alistó en las fuerzas armadas. Entró en el barracón y la primera noche se arrodilló junto a la cama para orar, y un sargento del ejército que estaba al otro lado de la habitación tomó una de sus botas y se la lanzó con mucha fuerza. Le abrió la oreja y le dolió mucho, pero el hombre siguió orando. Así que tomó la segunda bota y la tiró; tenía buena puntería y lo volvió a cortar, y el hombre siguió orando por el sargento. Por la mañana, cuando el sargento se despertó, las botas estaban junto a su litera, lustradas para todo el día, y el sargento dijo: "Tengo que averiguar qué lleva a un hombre a hacer eso". Se hizo cristiano. ¿Está seguro de que ora por sus enemigos? Tal vez esa persona tan difícil en el trabajo, tal vez un padre que siente que no lo entiende, o un hijo que siente que es rebelde; ¿está orando por sus enemigos?

Oración por otros

El segundo grupo que la Biblia nos exhorta a mantener en nuestra lista son los obreros para el Señor. Usted necesita orar para que haya obreros para el Señor, y orar para que el Señor pueda poner un nombre en su corazón para que usted pueda ir a esa persona en la iglesia y decirle: "El Señor me acaba de decir: '¿Has considerado ir al extranjero?' o: '¿Has considerado dedicarte al ministerio?' o: '¿Has considerado ser un evangelista?'". ¿No sería maravilloso que eso sucediera? Así es como llegué al púlpito. Un corredor de apuestas que se había convertido me pidió que fuera a tomar el té con él, y me llevó a un pequeño lugar llamado Spennymoor, en el condado de Durham, que no era un lugar muy saludable. Me llevó allí para un culto dominical vespertino que, según tenía entendido, él celebraba. En el camino le dije: "¿De qué predicarás?". Él me contestó: "Yo no, ¡tú!". Esa fue mi presentación. Él había estado orando por obreros para el Señor, y el Señor había puesto su mano sobre mí. Así que el corredor de apuestas convertido echa mano del hijo de un profesor y le dice: "Tú predicarás". Cuando los obreros están al servicio del Señor necesitan oración. Están expuestos, están en primera línea, necesitan oración, y la Biblia dice que oremos por ellos, no por su seguridad o por su comodidad, sino por su audacia, y para que el Señor abra una puerta a su obra. ¿Se fijó cuántas veces dice Pablo "oren por nosotros" u "oren por mí"? Y cuando está en la cárcel, no dice "oren por mi libertad o por mi seguridad" sino "oren para que sea valiente"; oren para que la palabra de Dios no quede atada, oren para que se le abran las puertas. ¿Está usted apoyando a obreros del Señor con oración?

En tercer lugar, hay otro grupo que debemos incluir regularmente en nuestra lista de oración: los políticos. Reciben muchas burlas, sarcasmos y críticas. Necesitan mucha oración. Ponga a su diputado en su lista. Se nos dice que levantemos manos santas por aquellos que están en puestos de autoridad, porque el evangelio necesita ciertas condiciones políticas para ser predicado libremente, y debemos orar para que tengamos una sociedad pacífica en la que el evangelio pueda ser proclamado libremente. ¿Ora usted por los políticos?

Un cuarto grupo que merece una oración especial es el de los enfermos físicos. La oración es un arma poderosa en la habitación del enfermo o en la sala del hospital.

Le he dado una serie de grupos, pero le advierto que puede meterse en un verdadero atolladero si tiene una lista demasiado larga. No creo que sea posible, a menos que se le haya dado un ministerio especial de intercesión, orar por demasiadas personas a la vez. De hecho, me atrevería a decir que cuatro o cinco de una vez serían suficientes. Es mejor volver fresco más tarde y orar de nuevo, en lugar de limitarse a presentar a Dios la lista de miembros, o su propia "lista de compras", porque cuando está orando de verdad por alguien cuesta mucho, es un trabajo duro. Es posible que se sienta agotado después de una reunión de oración en la que realmente ha encarado las cargas de la gente.

¿Por quiénes debemos orar? Lo mejor es dejar que el Señor decida por quiénes debe orar, y si cree que debe orar por alguien entonces lleve ese nombre al Señor y dígale: "Señor, dime, ¿debo poner a esta persona en mi lista o no?". Tenga cuidado de decir con ligereza: "Oraré por ti". Tenga en cuenta que Dios le exigirá que cumpla con eso y le dirá: "Has pecado contra el Señor al dejar de orar". Creo que es mejor ser muy honesto si alguien le dice: "¿Quisiera orar por mí?" y en ese momento no tienes ningún testimonio claro de que debería hacerlo. Diga: "Le preguntaré al Señor, y si él me recuerda a ti mientras oro, oraré por ti", y entonces no estará haciendo promesas vacías. Es muy fácil para los cristianos decir: "Oraré". Así que deje que el Señor escriba la lista, y luego él escribirá una lista con la que usted pueda enfrentarse. Si está orando por una situación, mi consejo sería no orar por todos los que están en ella, sino preguntarle al Señor quién es la persona clave en esa situación y concentrar la oración en ella. Recuerde que el Señor amó tanto al mundo que dio a su único Hijo, pero cuando Jesús oró dijo: *"No ruego por el mundo, sino por estos* [once] *que me diste del mundo"*. Ellos fueron las personas clave en la situación. No sé cuál era la población del mundo entonces —era mucho menor que hoy— , pero no se puede orar por todo el mundo. ¡Hay más de seis mil millones de personas! Entonces puede decir: "Señor, en esta situación, ¿quiénes son las personas clave? ¿Quién es la persona más importante en esa situación? ¿Quién es la persona que va a desbloquear la situación para los demás? Entonces concentraré mi oración allí". Si no puede orar por todo el gabinete, ore por el primer ministro. Si no puede orar por toda la iglesia, ore por el pastor. Concentre su oración en las personas clave en la situación. Fue lo que hizo Jesús.

En tercer lugar, consideremos por qué cosas oramos. Lo que la gente quiere y lo que necesita son dos cosas completamente diferentes, y ya es bastante difícil saber en uno mismo la diferencia entre lo que uno quiere y lo que necesita. Es aún más difícil saber cuál es la necesidad de otra persona. Sabemos que están necesitados. A veces oramos por los síntomas en lugar de la causa. ¿Está una persona demasiado cansada? Entonces podría orar: "Señor, dale descanso y haz que se canse menos" o podría decir: "Señor, revélame por qué está cansado, y luego oraré para que se elimine la causa'" ¿Ve la diferencia? Es posible que se encuentre orando por algo diferente si lo pregunta de esa manera. Es posible que escuche acerca de alguien que está gravemente enfermo y su instinto es orar de inmediato por el deseo que tiene la persona de mejorar y dice: "Señor, sana a esa persona", y si simplemente se detiene y piensa, podría encontrarse orando: "Señor, llévate a esa persona rápidamente". Su instinto inmediato en respuesta a una sequía en Gran Bretaña es decir: "Señor, envíanos lluvia", pero si es un Elías, es posible que se vea llevado a decir: "Señor, mantén esta sequía en Gran Bretaña durante tres años para hacernos entrar en razón y ayudarnos a recordar que la lluvia es un regalo tuyo". ¿Ve la diferencia?

Entonces, por qué cosas oramos es importante, así como por

quiénes oramos. El principio es muy simple: cuando ora por otra persona, debe buscar su mayor bien, no solo algo bueno para esa persona, sino su mayor bien, y para lograr su mayor bien, es posible que se encuentre orando por algo que les causará dolor o sufrimiento. He orado desde el púlpito para que, si alguien en la congregación no pertenece a Jesucristo, Dios no le dé descanso hasta que ocurra. Esa es una oración extraña, que Dios no le dé descanso a la gente, pero estoy orando por su mayor bien. Si simplemente dijera: "Señor, dales salud, riqueza y felicidad", la tragedia es que su mayor bien podría perderse y nunca sentirían la necesidad del Salvador. Entonces, si voy a orar por el mayor bien de una persona —lo mejor para ella— puedo orar de manera bastante diferente. Puedo hacer lo que hizo el padre del pródigo y dejar ir al hijo. Puedo incluso —y aquí está la oración más terrible que una iglesia puede hacer, pero pueden hacerlo por el mayor bien de alguien— orar para que Satanás pueda tener el cuerpo de un cristiano para que su espíritu pueda ser salvo. Se llama entregar a alguien a Satanás. Y Satanás puede apoderarse de su cuerpo y llenarlo de enfermedades e incluso matarlo, pero eso hará que su espíritu regrese a Dios. Eso realmente es orar por el mayor bien para las personas; es una oración difícil.

¿Cómo sabemos qué orar? Bueno, el Espíritu Santo quiere ayudarnos, y aquí es donde entra en juego el don de conocimiento y el don de discernimiento. Cuando realmente está buscando orar por alguien, de repente ve que lo que pensaba que necesitaba no era su mayor bien, así que ahora ora por lo mejor para ellos. Por eso un buen padre castiga a su hijo. ¿Por qué? Porque busca su mayor bien: no su comodidad inmediata, sino lo mejor. A veces tiene que usar su imaginación y realmente ponerse en la situación de esa persona y preguntar: si yo estuviera allí, ¿qué sería lo mejor para mí?

Ahora llego a la cuarta y última cosa: cómo oramos por los demás. ¿Cómo podemos hacer efectiva nuestra intercesión? Una vez más, quiero hacer una advertencia. No piense cuantitativamente sobre la oración sino piense cualitativamente. Pensar cuantitativamente es decir: "Cuanto más ore por esta persona, más eficaz será", pero Jesús dijo: *"No serán escuchados por sus muchas oraciones ni por sus muchas palabras"*. No es cierto que cuanto más tiempo ore por alguien, más efectiva será su intercesión. Pero si piensa cualitativamente sabrás que cuanto más profundamente ore por alguien, más eficaz es su intercesión. Una persona puede ser más profunda en dos minutos que otra persona que ora durante diez minutos por esa otra persona necesitada. O, de la misma manera, pensar cuantitativamente es pensar: "Ahora, cuanta más gente pueda hacer esta oración, mejor. Si tan solo pudiera conseguir cien o doscientos, o si pudiéramos reclutar diez mil compañeros de oración para esta cruzada, de alguna manera Dios escucha a diez mil más que a uno o dos". ¡Pero lo máximo que Jesús prometió que recibiría más atención era dos o tres! Nunca dijo que si podemos conseguir cien o doscientos él escucharía aún más. Porque estamos pensando cuantitativamente, estamos pensando que cuantos más nombres haya en una petición, más Dios escuchará. Pero le he dicho que Dios busca en la petición un solo nombre, y si ese nombre está en la petición, él concede eso, y es el nombre de Jesús. Así que no debemos pensar cuantitativamente que, si pudiéramos conseguir un montón de nombres en esta petición a Dios, él nos escucharía.

Dicho esto, cuanta más gente pueda conseguir para orar profundamente, mejor. Y, como pienso cualitativamente y no cuantitativamente, prefiero tener diez personas orando por mí en profundidad que cien compañeros de oración que simplemente me mencionen.

Entonces, ¿qué quiero decir con oración profunda? Me refiero a la oración que le cuesta algo a la persona. La efectividad de su oración por otra persona está en proporción directa al costo. Creo que, por eso, cuando Jesús descendió y encontró a sus discípulos en el valle, después de haber estado en la montaña, y los encontró incapaces de ayudar a un niño necesitado, les dijo:

PRACTICAR LOS PRINCIPIOS DE LA ORACIÓN

"¿No se dan cuenta de que esta clase de situación solo se puede resolver mediante la oración y el ayuno?". En otras palabras, no pagaron el costo; no les costó nada orar por este niño. Y ese es el lugar del ayuno en oración: porque nos está costando algo, nos está costando nuestra comida. El único mérito de pasar mucho tiempo orando por alguien es que nos está costando tiempo, y el tiempo es precioso en estos días.

¿Cuánto le costó orar? El costo más profundo es este: cuando una mujer tocó el borde del manto de Jesús y fue sanada, salió algo bueno de él, y si realmente ha orado por alguien, algunos de sus recursos lo han abandonado y han viajado a la otra persona. Ha salido poder de Dios, pero ha salido algo bueno de usted, y se han encontrado en la persona necesitada. Si realmente ha orado por alguien, debería estar agotado, y entonces necesitará orar por usted, para que Dios reponga los suministros que se han agotado. Entonces, ¿cuánto cuesta? ¿Cómo ora usted?

Ahora bien, hay dos tipos de oración intercesora por los demás: en ausencia de las personas y en presencia de las personas. Quiero mencionar la eficacia de la oración con contacto físico. Por supuesto, sean sensatos: jóvenes, no se precipiten en echar mano a las jóvenes; tenemos que ser prácticos. Pero el contacto físico puede ser un tremendo refuerzo de la oración. Si está orando por alguien que está débil o enfermo, simplemente tome su mano es oración, y mientras ora por esa persona, Dios usa el contacto físico. Él hizo tanto lo físico como lo espiritual, y la imposición de manos es efectiva. No es un símbolo, es una realidad; el poder fluye a través de tus manos, y por eso la imposición de manos es una forma de oración particularmente impresionante y expresiva. Se usa en las Escrituras para orar por los enfermos; se usa en las Escrituras para orar para que una persona sea llena del Espíritu Santo; se usa en las Escrituras para orar por un trabajador del Señor que enfrenta una nueva tarea, para que esté equipado para ella. Entonces, si está en presencia de alguien, y es apropiado, use sus manos e impóngalas, aunque solo sea una mano alrededor del

Oración por otros

hombro o un brazo alrededor del hombro, y Dios usa ese canal físico para liberar poder. Estas son formas de reforzar la oración y hacerla más poderosa.

Uno de los ancianos de mi iglesia estuvo involucrado en un hermoso ministerio durante el día. Como tutor, respondía preguntas enviadas desde muchos países del mundo sobre estudios bíblicos muy sencillos, a través de una revista cristiana. Salía e invitaba a jóvenes cristianos o personas interesadas de otros países a participar en un curso por correspondencia. Me mostró un artículo de un niño africano de trece años. (Era precioso, había un humor tan inconsciente en él. Decía: "¡Por favor, envíeme una Biblia, pero como la gente saca las Biblias de los paquetes, escriba en la parte de atrás: 'Quien tome esta Biblia, será asesinado'"!) Un niño de trece años, con total sencillez, deseaba apoderarse de la palabra de Dios. Pero noté una pregunta que muestra cuán importante es la redacción de la pregunta, y esta redacción era claramente un coloquialismo que él no entendía. La pregunta era: "¿Por qué Dios no escucha muchas oraciones?". La respuesta que este niño había dado fue: "¡Porque se cansaría!". Dios no se cansa de escuchar, pero si realmente usted está orando por alguien se cansará si es oración real, pero Dios puede reponer los recursos de quienes esperan en él. Aun los jóvenes desfallecen y se cansan, pero los que esperan en él levantarán alas como las águilas.

Aquí hay un comentario final sobre la oración por otros. Cuando pida por otra persona, debes estar preparado para que Dios le diga: "Responde esa oración además de pedirla". Una y otra vez, cuando ora por otra persona, el Señor dice: "Responde esa oración; tú escribe una carta; haz una visita; ve y haz un servicio", y él le dice que haga algo a veces de lo cual tiene que decir: "Pero Señor, no podría hacer eso. No tengo los recursos".

"Ve y pon las manos sobre esa persona y ora por su salud".

"¡Pero no podría hacer eso, Señor!".

El Señor puede decir: "Siembra tu propia oración, involúcrate conmigo y te daré el poder para responder la oración". Por eso, cada vez que oramos por alguien debemos terminar diciendo: "Señor, aquí estoy. Si quieres usar un ángel, está bien, pero si quieres usarme a mí, aquí estoy, y cumpliré con mi parte. Estoy a tu servicio". Estoy al servicio de Su Majestad.

Oración

Señor, he pecado de esta manera particular y le he dicho muy a la ligera a alguien: "Oraré por ti", y tres semanas después me he olvidado por completo de esa persona. Señor, sálvame de una intercesión tan superficial. Señor, dame una lista que pueda afrontar. Dime por quién no debo orar, que quieres que otra personada interceda por él. Ayúdame a saber, Señor, y luego ayúdame a orar de tal manera que de mí salga lo bueno, así como poder de ti. Señor, tus recursos son ilimitados, los míos son limitados, pero lo que hay te lo ofrezco, sabiendo que tú los repondrás cuando se utilicen. Gracias, entonces, porque puedo orar por otras personas, y gracias porque una y otra vez puedo ver los resultados de esa oración, y quiero darte la gloria, en el nombre de Jesús. *Amén.*

Capítulo 8

ORACIÓN SIN OBSTÁCULOS

De los últimos cinco capítulos del libro de Job, recordamos que durante muchos meses Job no logró comunicarse con Dios. Creía que estaba en lo correcto y que, por lo tanto, Dios estaba equivocado al dejarlo sufrir como lo hizo. Y hasta el final de su vida, Job nunca supo por qué Dios le permitió sufrir. Nosotros lo sabemos, porque Dios puso la explicación al principio del libro, pero Job nunca lo supo.

Entonces el Señor respondió a Job desde el torbellino. "¿Quién es este, que oscurece mi consejo con palabras carentes de sentido? Prepárate a hacerme frente; yo voy a interrogarte y tú me responderás.

Ahí estaba Job, exigiendo respuestas a Dios durante meses y diciendo: "Debes contestar", y Dios dice:

¿Dónde estabas cuando puse las bases de la tierra? ¡Dímelo, si de veras sabes tanto! ¡Seguramente sabes quién estableció sus dimensiones y quién tendió sobre ella la cinta de medir! ¿Sobre qué están puestos sus cimientos, o quién puso su piedra angular mientras cantaban a coro las estrellas matutinas y todos los ángeles gritaban de alegría? ¿Quién encerró el mar tras sus compuertas cuando este brotó del vientre de la tierra? ¿O cuando lo arropé con las nubes y lo envolví en densas tinieblas? ¿O cuando establecí sus límites y en sus compuertas coloqué cerrojos? ¿O cuando le dije: "Solo hasta aquí puedes llegar; de aquí no pasarán tus

orgullosas olas"? ¿Alguna vez en tu vida has dado órdenes a la mañana o has hecho saber a la aurora su lugar, para que tomen la tierra por sus extremos y sacudan de ella a los malvados? La tierra adquiere forma, como arcilla bajo un sello; sus rasgos resaltan como los de un vestido. Los malvados son privados de su luz y es quebrantado su altanero brazo. ¿Has viajado hasta las fuentes del océano o recorrido los rincones del abismo? ¿Te han mostrado las puertas de la muerte? ¿Has visto las puertas de la densa oscuridad? ¿Tienes idea de cuán ancha es la tierra? Si de veras sabes todo esto, ¡dalo a conocer! ¿Qué camino lleva a la morada de la luz? ¿En qué lugar se encuentran las tinieblas? ¿Puedes acaso llevarlas a sus linderos? ¿Conoces el camino a sus moradas? ¡Con toda seguridad lo sabes, pues para entonces ya habrías nacido! ¡Son tantos los años que has vivido!

El Señor dijo también a Job: "¿Corregirá al Todopoderoso quien contra él contiende? ¡Que responda a Dios quien se atreve a acusarlo!".

Entonces Job respondió al Señor: "¿Qué puedo responderte, si soy tan indigno? ¡Me tapo la boca con la mano! Hablé una vez y no voy a responder; hablé otra vez y no voy a insistir".

El Señor respondió a Job desde la tempestad. Le dijo: "Prepárate a hacerme frente. Yo te cuestionaré y tú me responderás. ¿Vas acaso a invalidar mi justicia? ¿Me condenarás para justificarte ¿Tienes acaso un brazo como el mío? ¿Puede tu voz tronar como la mía? Si es así, cúbrete de gloria y esplendor; revístete de honra y majestad. Da rienda suelta a la furia de tu ira; mira a los orgullosos y humíllalos; mira a los soberbios y somételos; aplasta a los malvados donde se hallen. Entiérralos a todos en el polvo; amortaja sus rostros en la fosa. Yo, por mi parte, reconoceré que en tu mano derecha está la salvación…

Job respondió a Dios (en el capítulo 42): "Yo sé bien

que tú lo puedes todo, que no es posible frustrar ninguno de tus planes. ¿Quién es este —has preguntado— , que sin conocimiento oscurece mi consejo? Reconozco que he hablado de cosas que no alcanzo a comprender, de cosas demasiado maravillosas que me son desconocidas. Dijiste: 'Ahora escúchame, yo voy a hablar; yo te cuestionaré y tú me responderás'. De oídas había oído hablar de ti, pero ahora te veo con mis propios ojos. Por tanto, me retracto y me arrepiento en polvo y ceniza".

Así que el Señor bendijo a Job.

Cuando no obtenemos respuestas de Dios, él podría simplemente darse la vuelta y decir: "No recibo respuestas tuyas, así que deja de discutir y entonces podré bendecirte".

Tuve un verdadero problema con el título de esta última sección. Al principio pensé en llamarla "Oración sin problemas", pero eso no me pareció correcto. Entonces pensé en "Oración sin dificultades". Ninguno de esos títulos era correcto porque sabía en mi corazón que no podía prometerles en la tierra la oración sin problemas ni la oración sin dificultades. La vida cristiana no es una vida fácil y Jesús nunca prometió que lo sería. Y, dado que la oración es el centro de todo esto, a veces será difícil. Va a tener problemas, va a ser difícil, por muchas de las razones que ya he dicho. Nada que valga la pena en la vida es fácil. ¿Cómo se llega a la cima en el deporte? ¿Es fácil? Y cuando ha llegado a la cima, ¿es fácil permanecer allí? Mire, es duro. Tiene que trabajar muy duro para llegar a la cima, y luego, cuando llega allí, no puede decir: "Bien, lo he alcanzado, es fácil". Los deportistas tienen que seguir trabajando. Pienso en el Dr. Alan Redpath cuando jugaba rugby en el noreste. Era un héroe popular de mi ciudad natal. Todas las mañanas solía ir al patio trasero, apoyar el hombro contra una pared de ladrillos y empujar durante media hora. Así es como uno entra al scrum con hombros del tamaño que él tenía, y tuvo que hacerlo cuando llegó a la cima también. Así que no podría ofrecerles un título de "oración sin problemas" o "oración sin dificultades", porque creo que en la tierra va a ser difícil, no solo llegar a la cima sino permanecer allí. En el cielo será fácil, porque veremos al Señor tal como es.

Así que tuve que pensar en un título diferente, "Oración sin obstáculos", porque muchas de las dificultades que tenemos las hemos creado nosotros mismos, y la tragedia es que la oración es más difícil para la mayoría de nosotros de lo necesario. De todos modos, a veces va a ser difícil, pero no tiene sentido aumentar esas dificultades. O, dicho de otro modo, podemos reducir las dificultades.

La mayoría de los libros sobre la oración que he consultado tienen un capítulo sobre "los problemas de la oración", ¡y esto puede deprimirnos bastante! Es como el hombre que se sentó y leyó uno o dos capítulos del libro de medicina "El médico de familia" ¡y luego simplemente esperó morir! ¿Alguna vez ha hecho eso, ha buscado todos los síntomas y ha pensado: "Tengo esto, y aquello, y aquello", y se ha dado por vencido? Así que no voy a analizar los problemas de la oración; solo voy a escribir sobre un obstáculo para la oración. Tiene cinco partes, pero para mí solo hay un problema básico en la oración. Todos los demás se relacionan con ello de una forma u otra, así que solo voy a escribir sobre uno, que es el problema de la oración sin respuesta.

Antes de continuar, creo que he usado las palabras equivocadas para eso, porque muchas personas —particularmente los incrédulos— piensan que la oración sin respuesta es pedir algo y no obtener lo que piden, y eso no es lo que quiero decir con el problema de la oración sin respuesta. El problema para la mayoría de los cristianos de las oraciones sin respuesta no es que no obtienen lo que piden, sino que no obtienen ninguna respuesta. Ese es el problema. Hay muchas respuestas a mi oración. Puedo estar bastante convencido de que quiero algo y lo pido, y la respuesta que Dios me da puede ser: "No, no puedes tenerlo, no es bueno para ti". O su respuesta puede ser: "Espera, no es el momento para darte eso". Pero eso no es un problema, porque ha habido una respuesta. El problema es cuando los cielos parecen de bronce y siente que Dios no lo escucha y que no logra comunicarse, y no es divertido tener una conversación unidireccional. Creo que por eso nos rendimos. Eso, creo, es lo más desalentador en la oración.

No nos importa que Dios diga que no si lo dice. Piense en Pablo. Tres veces dijo: "Señor, ¿te ocuparás de mi discapacidad física? No puedo afrontarlo. Podría servirte mucho mejor si fuera libre. Podría moverme mucho mejor. Quita este aguijón en la carne", y tres veces oró por esto. Finalmente, Dios dijo: "Puedo traer más gloria a mi nombre a través de tu debilidad, y dándote gracia en la debilidad". Pablo estaba feliz: no era una oración sin respuesta, sino una oración contestada. No fue la respuesta que esperaba, pero fue una oración contestada.

Muchos de los más grandes santos han conocido el problema de las oraciones sin respuesta. Se han referido a ello en varios términos. En ocasiones lo han llamado "una experiencia seca", pues parece atravesar el desierto. Parece estéril e infructuoso. Otras personas han hablado de ello en términos de oscuridad más que de sequedad, y hay una frase utilizada por muchos de los santos en sus escritos (creo que Santa Teresa la usó primero): la "noche oscura del alma". Oscuridad, sequedad. Otros han hablado de ello en términos de muerte, cuando parece como si la vida se hubiera ido de nuestra oración. Otros han hablado de ello en términos de aburrimiento. Han sido honestos y dijeron que están aburridos de orar. Pero todas estas quejas se deben a que no reciben respuesta. Es unidireccional, por lo que no es una conversación en absoluto. ¿Cuánto tiempo puede mantener una conversación si la otra persona no abre la boca? Incluso con un ser humano es difícil, y por eso con Dios es muy desalentador si no hay respuesta.

Job pasó por esta experiencia durante muchos meses y trató y trató de salir adelante. Estaba buscando una cosa y la encontré página tras página: respóndeme, inclina tu oído, escucha mi oración, escucha mi clamor.

Una y otra vez aparece en los Salmos: ¿Por qué escondes de mí tu rostro? ¿Por qué no me escuchas? Estoy llorando. Estoy orando. ¿Por qué no escuchas? Incluso David, el maestro de los salmos, las oraciones y las alabanzas, tuvo esta experiencia. Creo que todos los demás problemas se relacionan con esto. Es entonces cuando los pensamientos errantes se apoderan de nosotros, cuando sentimos que no estamos siendo escuchados. Es cuando la muerte se hace cargo; cuando llega el desánimo; cuando dejamos de orar; cuando sentimos que no está haciendo nada y que no está logrando llegar hasta el techo de tu dormitorio. Intento ser absolutamente práctico. Estoy escribiendo en el departamento de primaria. Me doy cuenta de que no tengo autoridad para hablar más allá de esto, pero aun así quiero ayudar a la gente común y corriente como yo a superar esto. Si puedo ayudarlo en esto, valdrá la pena.

Hay cinco causas principales de este problema y podría ser cualquiera de las cinco. Tómelo como una especie de kit de autodiagnóstico. Si su coche se detiene bruscamente y no pertenece a AA, pasa por ciertas cosas. Piensa: gasolina, encendido... y pasa por cinco cosas simples y pronto llega al problema. Quiero darle cinco cosas muy simples para que observe. Tres son interrupciones en la comunicación en el lado de "usted", en el lado terrenal; dos son una interrupción de la comunicación en el lado celestial. Tal vez haya marcado un número de teléfono y haya logrado comunicarse, pero tiene que decirle a la persona al otro lado de la línea: "Lo siento, pero no puedo oírte, ¿puedes oírme?"... y la persona diga: "Sí, puedo oírte perfectamente". Usted dice: "Bueno, habla o te llamaré de nuevo". Entonces consigue que ambos lados funcionen correctamente. Entonces, vamos a preguntar: ¿de qué lado se ha producido la ruptura de comunicación? ¿Está en la tierra? En cuyo caso es una de tres cosas. ¿O está en el cielo? En cuyo caso es una de dos cosas.

Aquí están las tres cosas en la tierra que podrían interrumpir su comunicación:

1. Usted no está bien con Dios.
2. Usted no está bien con otras personas.
3. Usted no está bien consigo mismo.

Estas son las tres causas básicas del colapso en el extremo terrenal. Es posible que aún diga las palabras, que aún ore, pero la comunicación se ha roto en el extremo de usted.

Primero: cuando no está bien con Dios. Hay dos maneras en que eso puede suceder. Puede estar pecando contra él en actitud o puede estar pecando contra él en acción. Es posible que esté pecando contra él en actitud, ya que sus sentimientos hacia él pueden ser el bloqueo. A lo que me refiero es a esto: alguien puede estar resentido con Dios; en el mismo estado de ánimo que tenía Job: "Dios, no merezco sufrir así, debes estar equivocado, no deberías permitir que esto suceda". Hay un espíritu de resentimiento allí. Y Dios dice: "¿Quieres probar que estoy equivocado para que puedas probar que tú estás en lo correcto?". ¿Es esa la actitud correcta hacia mí? Job no había pecado en acción, pero ciertamente sí en actitud. Dios tuvo que lidiar con eso. Usted puede acumular resentimiento contra Dios por la forma en que han resultado sus circunstancias, y puede dejar de pensar en Dios como un Padre y un amigo y considerarlo un tirano, incluso cuando le ora. Cuando se acerque a Dios su actitud debe ser: si un padre terrenal que es malo sabe dar buenos regalos a su hijo, cuánto más quiere dar la persona con quien hablo. ¿Estoy resentido? ¿Estoy amargado con él? ¿Estoy llegando a su presencia con sentimientos negativos? Si es así, no es de extrañar que la comunicación se haya roto. Dios tuvo que lidiar con la actitud de Job y decirle: "Job, ¿deberías estar pensando en mí así? ¿Deberías intentar demostrar que estoy equivocado para poder tener razón? ¿Has olvidado quién eres?". Job dijo que lamentaba haber hablado fuera de turno y fuera de orden.

La otra forma en la que podemos tener un bloqueo y no estar bien con Dios es en nuestra acción: que estemos consciente y deliberadamente haciendo continuamente algo que él no aprueba. No estamos bien con él y el bloqueo es este: Dios lo ha llamado a luchar con él contra el mal en el mundo, pero la batalla tiene que comenzar en usted, y si ni siquiera está dispuesto a comenzar la batalla en su propia vida entonces Dios ve que no está de su lado y no escucha lo que le dice. Por lo tanto, si estamos atesorando o aferrándonos a aquello a lo que Dios ha dicho que no, tenemos un obstáculo y no podemos superarlo en oración.

A las personas que me han dicho: "Oro y nunca obtengo respuestas inmediatas. Nunca recibo pensamientos que regresen de mi oración", normalmente he dicho: "¿Puedo sugerirte una oración a la que obtendrás respuesta en dos minutos?". Es una oración que le encanta responder. Les digo, "Haz esta oración: 'Señor, muéstrame algo en mi vida que no te guste'". Ahora, si tiene problemas con una oración sin respuesta, pruebe con esa. Le sorprenderá lo rápido que responde, porque él lo quiere a usted muy cerca de él. He aquí, pues, el primer obstáculo en el lado terrenal: no estoy bien con Dios, ya sea por mi actitud o por mi acción. Mi actitud equivocada arruina mis sentimientos hacia él. Mi acción equivocada arruina sus sentimientos hacia mí, pero de una forma u otra no estoy bien con Dios y no puedo llegar a él.

Ahora bien, el segundo bloqueo es que no estoy bien con los demás. Éste es un obstáculo muy común para la oración, para llegar a Dios. Recuerdo haber escuchado a un maravilloso obispo cristiano paquistaní. Dijo que un día estaba traduciendo la Biblia al tibetano. Continuó: "Comencé mi trabajo en el estudio y oré: 'Señor, dame fluidez, ayúdame a traducir la Biblia al tibetano, un idioma en el que aún no se conoce la Biblia'". No obtuvo respuesta. Los cielos eran como bronce y él no podía pasar. No obtuvo inspiración y no pudo continuar con el trabajo, y luchó y luchó y finalmente, después de una hora de lucha, dijo: "Señor, ¿qué ocurre?". Y el Señor dijo: "¿Por qué le gritaste a tu esposa esta mañana por quemar la tostada en el desayuno?". Muy simple. Dijo que tan pronto como fue a la cocina y arregló eso, logró comunicarse y la traducción fluyó. Eso es completamente bíblico. Pedro, el apóstol casado, dice en su carta: "Maridos, si no tratan bien a su esposa, sus oraciones no serán escuchadas". No escuchadas, ¡mucho menos contestadas! Eso es bastante práctico.

Hay dos formas en las que podemos estar mal con las personas. Una es que no les perdonemos lo que nos han hecho. La única condición en el Padrenuestro es esta: "Perdona nuestras ofensas como nosotros perdonamos". En otras palabras, el perdón tiene que ser completo, y la mano de usted no solo debe agarrarse a Dios, sino también a la mano de su hermano, para que el perdón fluya. Lo único que dice el Padrenuestro que debe hacer es perdonar a quienes lo han herido. Tan importante era que, cuando Jesús terminó de enseñar esa oración, que es una versión abreviada de una oración judía, la repitió al final de la oración: "Pero si no perdonan a otros sus ofensas, tampoco su Padre perdonará a ustedes las suyas". Bloquea el flujo. Eso está bastante claro y muchos lo saben, pero ¿lo hacen?

Sin embargo, hay otra manera en la que puedo tener un bloqueo en mi oración por no estar bien con los demás. Cuando ellos no pueden perdonarlo a usted, puede ser un bloqueo para su oración. Sabía que hay un bloqueo si no los perdono, pero pensaba que eso era todo lo que tenía que hacer y que era toda mi responsabilidad. Eso es lo que honestamente pensaba. Me basé en el texto de Romanos capítulo 12: *"Si es posible, y en cuanto dependa de ustedes, vivan en paz con todos"* y pensé: "Tengo que ver que no haya nada en mi corazón hacia ellos". Sin embargo, leí Mateo. capítulo 5 donde dice: *"Si vas a adorar a Dios, y te acuerdas de que tu hermano tiene algo contra ti..."*, no "si recuerdas que tienes algo contra él, ve y soluciónalo". ¿Se dio cuenta de que la actitud de otra persona hacia usted puede ser un bloqueo, ya sea inocente o culpable, ya sea que lastime consciente o inconscientemente, que esto puede ser un bloqueo a la oración de usted, no solo la actitud de usted hacia esa persona? Entonces, tal vez tenga que lidiar con esto. Pero ¿qué pasa si, a pesar de sus esfuerzos sinceros por restablecer relaciones pacíficas, la otra persona persiste en negarse a perdonarlo o aceptar la reconciliación? Si, por su parte, ha hecho lo que puede, Dios lo ayudará, lo restaurará y eliminará el bloqueo, porque su exigencia de usted aquí es *en cuanto dependa de ustedes,* y la voluntad de Dios de perdonar y restaurar a una persona arrepentida es inmensamente mayor y mucho más poderosa que la capacidad de las actitudes de los demás de obstaculizar la vida de oración de usted.

El tercer problema que puede surgir en el lado terrestre de la comunicación es que no estoy bien conmigo mismo. Esto es lo más extraordinario, pero nuevamente el Señor me mostró de manera muy clara una verdad muy simple: que arrodillarme no me cambia. ¿Qué quiero decir con eso? Me di cuenta de que la mayoría de los problemas que la gente tiene en su tiempo de oración son problemas que tienen en el resto de sus momentos. Por eso los tienen, y no son problemas espirituales en absoluto sino problemas generales. Permítame ilustrar. Si estaba extremadamente agotado cuando estaba de pie, entonces mi agotamiento físico afectará mis oraciones cuando me arrodille. En un momento de mi vida en el que estuve absolutamente agotado durante aproximadamente una semana, tuve que pedirle a mi esposa que orara por mí todas las mañanas, porque estaba muy agotado —no solo en las cosas ordinarias— y eso se trasladó a la vida de oración, y no podía orar por mí mismo. Bendita sea, ella oró por mí y me leyó la Biblia. No podemos cambiar repentinamente arrodillándonos.

O tomemos otro aspecto. Si durante el resto de mi vida nunca concentro mi mente, simplemente me entretengo, pero nunca trato de educarme, leo los titulares, miro la televisión, nunca me pongo a leer algo sólido sobre ningún tema, ¿cómo puedo esperar dedicarme a mi estudio bíblico cuando comienzo mi tiempo devocional? No paso repentinamente de ser un hombre cuya mente está dispersa y un hombre cuya mente revolotea de un entretenimiento a otro, a convertirme en un hombre que puede concentrarse en mi vida de oración.

Para tomar otro ejemplo, si estoy emocionalmente frustrado en el resto de mi vida, entonces no puedo estar emocionalmente tranquilo en mi oración. A menudo es cierto, por ejemplo, que algunas personas solteras se sienten tan frustradas emocionalmente porque no están casadas que esto se refleja en su vida de oración, y descubren que no pueden amar fácilmente a Dios porque las fuentes de su afecto están todas atadas por la frustración. Pero solo cuando se integren con su estado único, lo acepten como un don de Dios y se vuelvan afectuosos dentro de ese estado, encontrarán que pueden volverse afectuosos en la oración.

Entonces, si tenemos problemas con la oración, tal vez deberíamos preguntarnos: ¿son estos problemas generales en mi vida? ¿Me resulta difícil concentrarme en algo, y mucho menos en la Biblia? ¿Mi problema en la oración se debe a lo que soy fuera de mi oración? Si lo abordo allí, entonces puedo orar. En otras palabras, mi vida tendrá un efecto en mi oración. Si estoy culturalmente estimulado, físicamente relajado y mentalmente concentrado en otras áreas y emocionalmente integrado en esas otras áreas, entonces puedo entrar en mi vida de oración como una persona integrada y afectuosa.

Pero también funciona al revés: la oración afecta el resto de la vida. Si mi vida de oración se mantiene en un pequeño compartimiento estanco, separada del resto de mi vida, y no oro por el resto de mi vida, algo faltará. Pero si hemos identificado estos problemas como problemas de la vida y no simplemente como problemas espirituales, entonces ahora puedo orar por esos problemas de la vida.

¿Son los pensamientos errantes el problema? Lo mejor que se puede hacer con los pensamientos errantes es perseguirlos y capturarlos. Piense en un ama de casa que intenta tener un momento de tranquilidad después del desayuno después de que su marido se ha ido a trabajar. Está todo el lavado esperando, y su mente sigue pensando en ello: si logrará quitar esa mancha... y ¿por qué tienen que ensuciar tantas camisas? Luego siguen apareciendo otros pensamientos. Ahora intenta luchar contra ellos y eliminarlos. Es más bien como pensar en medio de un sermón: "¿Dejé el gas encendido?". Es muy fácil. Estos son pensamientos errantes, porque son la vida real. Y sus pensamientos errantes indican sus verdaderas preocupaciones. Pues bien, persígalos, captúrelos, ore por ellos y diga: "Bien, Señor, oraré por el lavado. En lugar de sentirme culpable porque mi mente va al lavado, déjame orar por el lavado, déjame orar por esa mancha", y de esta manera su oración comienza a influir en su vida, y entonces su vida puede influir en su oración. Esto es arreglarse consigo mismo. Dios lo aceptó tal como era cuando lo justificó, entonces, ¿no puede aceptarse tal como es y dejar que la oración y la vida se integren? Esto es lo que quiero decir con estar bien con usted mismo.

Ahora, los dos obstáculos que pueden venir del lado celestial y pueden interrumpir la comunicación en ese extremo. Puedo estar bien con Dios, bien con los demás, bien conmigo mismo, y todavía me resulta difícil salir adelante. Entonces, ¿qué otras causas pueden haber? Cuarto —y esto es en el cielo— , Satanás está luchando contra usted. Note que no lo he traído hasta el número cuatro. Es demasiado fácil culparlo por las tres primeras, y él no es responsable de muchas de las cosas por las que lo culpamos. Muchas de las cosas que nos frenan en nuestra vida espiritual no son del diablo, sino que no estamos bien con Dios, con los demás o con nosotros mismos.

Pero habiendo agotado a esos tres —y, por cierto, no continúe en una introspección interminable tratando de descubrir cuál de esos tres es— , desafíe a Dios. Dígale: "Dios, te desafío, si es una de estas tres cosas, entonces muéstramelo; a ti te corresponde decírmelo inmediatamente; si no me lo dices de inmediato, pasaré a uno de los otros, así que te desafío a que lo reveles ahora". A Dios le encanta responder ese tipo de oración importuna y audaz. Así que no se ponga constantemente el termómetro en la boca. "¿Qué temperatura tengo?", cuando ha dicho: "Dios, pasaré por estas tres cosas y ¿me detendrás si no estoy bien contigo, si no estoy bien con otra persona, si no estoy bien conmigo?". Si él no lo detiene, entonces pase al cuarto y pregunte: "¿Está Satanás tratando de desanimarme?". Satanás tiembla cuando ve al santo más débil de rodillas, y puede que esté intentando deliberadamente disuadirlo de hacer eso. ¿Sabe que él tiene a sus órdenes legiones de ángeles malvados? Los llamamos demonios, pero esa es una palabra engañosa. ¿Son pequeños diablillos negros corriendo por ahí? No, son seres inteligentes, sobrenaturales, ángeles malos, y se interponen en la oración. ¿Y sabe que son muy organizados? ¿Sabe que el diablo tiene su ministerio de relaciones exteriores y que tiene un ángel maligno asignado deliberadamente a cada nación? La Biblia lo deja muy claro. Por lo tanto, el diablo tiene un embajador extranjero en Gran Bretaña, un ángel cuyo trabajo es perturbar este país.

Si lee el libro de Daniel encontrará todo esto. Y encontrará que, cuando Daniel estaba orando había dos ángeles peleando por su oración —uno de los ángeles de Dios y otro de Satanás— , y la oración de Daniel no fue respondida por algún tiempo hasta que el ángel bueno venció al ángel malo, y entonces la respuesta llegó. Es posible que su oración no llegue a buen puerto porque la guerra tiende a romper las líneas de comunicación; tiende a dividir, y esta guerra espiritual en los lugares celestiales continúa todo el tiempo. Es posible que su oración simplemente no llegue a las líneas del frente.

Hasta que no sea ganada la batalla, su oración no podrá llegar y, por lo tanto, su respuesta no podrá regresar. ¿Cómo lidia con eso? Ora por ello, y si siente que Satanás está obstaculizando las comunicaciones, ora contra Satanás en el nombre de Jesús. Nos resistimos y él huye. Use la sangre de Jesús, use el nombre de Jesús, use todas las armas que pueda del arsenal de Jesús, pero luche contra Satanás, resístalo. Sabemos que Job se metió en sus problemas porque Satanás los estaba causando. Ese es el cuarto posible obstáculo que está causando que su oración no sea contestada, o más bien el problema de la oración no reconocida. Siente que ha enviado una carta, pero no tiene acuse de recibo.

El último obstáculo posible es éste: puede ser que Dios no responda deliberadamente. De hecho, es justo decir que, si es Satanás, es Satanás y Dios, porque Satanás solo puede hacer algo porque Dios se lo permite; eso aparece en el libro de Job. ¿Por qué entonces Dios no respondería? Aquí quiero llegar a una verdad muy positiva y muy profunda, y no sé si estará preparado para recibirla. ¿Por qué Dios no respondería cuando estoy bien con él, bien con los demás, bien conmigo mismo y resistiendo a Satanás? ¿Se lo digo? Porque él quiere que usted avance en la escuela de oración, y aquí hay algo muy positivo para concluir este problema. Está diciendo: "Quiero que aprendas, quiero que hagas un pequeño esfuerzo extra". ¿Alguna vez ha visto a un padre enseñando a caminar a un niño? Al principio, el padre se mantiene cerca del niño, luego retrocede un poco. ¿Por qué? Porque el padre está intentando que el niño camine un poco más. A veces creo que Dios retrocede un poco con sus santos, diciéndoles: "Esfuérzate un poco más, quiero que crezcas, quiero que madures; suplica un poco más. Voy a contenerme porque quiero que crezcas en la escuela de oración y quiero que seas un orador fuerte". Los santos le dirán que al final del desierto hay una tierra prometida de leche y miel.

Creo que hay momentos en que Dios dice: "Ahora te he bendecido, ahora no te voy a responder por un momento porque quiero que me ames por mí mismo, y quiero que me busques, ya sea que sientas que estoy allí o no. Quiero que aprendas". Es una lección dura y profunda. Es casi como pasar de la escuela primaria a la secundaria. No le gustaron los primeros días en una escuela nueva, ¿verdad? Lo habían arrancado de sus raíces, sus amigos se habían ido, se sentía extraño, se sentía solo. Ah, pero tenía que cambiar de escuela si querías seguir aprendiendo y creciendo. Y Dios quiere que pasemos de la educación primaria a la secundaria en la oración. Por eso quiere que aprenda a buscarlo más. Esa es la quinta causa, y si ha tratado con las cuatro primeras y todas han sido desechadas de su mente, entonces diga: "Señor, a través de ti voy a seguir adelante a través de la oscuridad, a través de la sequedad, a través de la monotonía, porque sé que me estás enseñando algo muy precioso".

* * * * *

Hemos estado pensando en los obstáculos, pero concluimos con una nota optimista: dos ideas simples que debe tener firmemente en su mente si quiere "graduarse" en la "escuela de oración". Primero: *usted puede tener éxito en la oración*. Mucha gente fracasa porque espera hacerlo. No creen que vayan a tener éxito. Así que tenga esta idea firmemente en su mente: Dios el Espíritu Santo quiere ayudarlo a tener éxito. Así que comience con este pensamiento: *puedo* tener éxito, no necesito ser un fracaso, puedo tener éxito en la oración. El segundo pensamiento es este: *tendré éxito*. No solo *puedo*, sino que lo *tendré*; es decir, tener determinación. El Espíritu Santo nunca orará por usted. Incluso si habla en lenguas, usted hablará, tendrá que mover los labios; él no hace eso, como descubren con bastante rapidez quienes han recibido el don. La Biblia dice que el Espíritu Santo *nos ayuda en nuestra debilidad;* él lo ayudará a hacerlo por usted mismo, no por usted. Con un ayudante tan ingenioso como el Espíritu Santo, puede tener éxito siempre que diga: "Tendré éxito".

Doy gracias a Dios porque un día en la gloria no necesitará ninguna ayuda en absoluto, pero sí necesita ayuda ahora. No lo aborde diciendo: "Sé que seré un fracaso. He tenido demasiados fracasos en el pasado", sino: "Olvidando las cosas que quedan atrás, voy a avanzar hacia las cosas que están por delante, voy a avanzar hacia la meta, el objetivo, el llamamiento elevado, el premio. Voy a ser un atleta en esto y voy a llegar a la cima y permanecer allí". Y encontrará que el Espíritu Santo lo ayudará en todo el camino; él es el mejor entrenador.

www.ingramcontent.com/pod-product-compliance
Lightning Source LLC
Chambersburg PA
CBHW052138110526
44591CB00012B/1766